“十三五”国家重点出版物出版规划项目

物流与供应链前沿译丛（第二辑）

溯流而上

逆向物流的内涵、价值与实践

[美] 戴尔·罗杰斯（Dale S. Rogers）
[美] 罗纳德·伦布克（Ronald S. Tibben – Lembke） 著
郝皓 刘娟 译

中国财富出版社有限公司

图书在版编目（CIP）数据

溯流而上：逆向物流的内涵、价值与实践／（美）戴尔·罗杰斯，（美）罗纳德·伦布克著；郝皓，刘娟译．—北京：中国财富出版社有限公司，2021.12

（物流与供应链前沿译丛．第二辑）

书名原文：Going Backwards：Reverse Logistics Trends and Practices

“十三五”国家重点出版物出版规划项目

ISBN 978－7－5047－7371－5

Ⅰ.①溯…　Ⅱ.①戴…　②罗…　③郝…　④刘…　Ⅲ.①物流管理－研究
Ⅳ.①F252.1

中国版本图书馆CIP数据核字（2021）第277584号

著作权合同登记号　图字：01-2021-0721

"十三五"国家重点出版物出版规划项目

物流与供应链前沿译丛（第二辑）出版指导委员会

（按姓名拼音排序）

作者简介

戴尔·罗杰斯博士

亚利桑那州立大学供应链管理系的教授，目前担任前沿经济物流实验室主任和互联网供应链实验室联席主任。罗杰斯博士是逆向物流、可持续供应链管理、供应链金融和二级市场领域的领先研究者，曾在供应链和物流领域的领先期刊上发表文章，出版多本逆向物流和供应链方面的著作。

罗纳德·伦布克博士

内华达大学里诺分校商学院市场营销系主任，市场营销和运营管理学副教授。研究领域为逆向物流和可持续发展。担任逆向物流协会标准委员会的主席。他在美国西北大学获得工业工程硕士和博士学位，在明尼苏达州诺斯菲尔德的圣奥拉夫学院获得数学和计算机科学学士学位。

译者简介

郝　皓

复旦大学管理科学与工程博士后，教授，博士生导师。上海市逆向物流与供应链协同创新中心主任，上海市标准化创新中心（物流）主任，兼任中国物流学会副会长、全国物流标准化技术委员会委员、全国环境管理标准化技术委员会委员、国际标准化组织ISO/TC297国内召集人兼中国专家组组长。主持国家社科基金、国家科技部、上海市科委等10余项国家级与省部级课题，主持企业委托课题10多项。主持制定5项国家标准和行业标准。荣获“宝钢优秀教师奖”“上海市育才奖”“中国物流与采购联合会科技进步一等奖”“宝供物流奖”“上海市科协系统先进工作者”。主要从事逆向物流与绿色供应链、技术创新与标准化、循环产业与可持续发展领域的研究，是国际“第五利润源（Fifth Profit Source）”理论和“主动式逆向物流运作模型（RLOM）”的提出及创立者。

刘　娟

上海应用技术大学经济与管理学院讲师、硕士生导师、管理学博士，主要从事逆向物流、供应链管理、物流管理等领域的研究工作和相关的教学工作。

作者的话

这本书是一个集体努力的成果。没有学生及研究助理的协助，这项工作无法完成。Mihaela Ghiuca（米哈埃拉·吉乌卡），1998—1999 年逆向物流执行委员会资助的学生，Sun Microsystems 公司（太阳微系统公司）的 Jin Hong 和 Lily Schwartz，戴尔计算机公司的赵若红，以及克莱斯勒公司的 Ayub Khambaty 均为本研究花费了很多时间。此外，GENCO 公司（根科公司）的 Sandy Davis、Jennie Tibben – Lembke 和 Deana Rogers 均为本书提供了很多编辑方面的帮助。内华达大学物流管理中心项目经理 Cenet Sauer 花了许多时间使这本书得以出版。她为我们提供了极大的帮助，并增加了该项目的趣味性。

GENCO 配送系统提供的帮助和支持是非常巨大的。特别是 Herb Shear、Jerry Davis、Dan Eisenhuth、Curtis Greve、Dwight Buzzy Wyland 和 Frank Koch 花了很多时间和精力来支持这个项目。GENCO 是专门从事逆向物流的第三方物流服务供应商。他们的资助使这个项目的完成成为可能。GENCO 公司及其供应商、客户、竞争对手接受了相关采访，这对本项目非常有帮助。他们竭尽所能协助了本书的出版。我们非常感谢他们的支持。

我们还要感谢逆向物流执行理事会的创意和财政支持。任天堂的 Peter Junger，凯马特公司的 Ed Winter，西尔斯公司的 Clay Valstad、Roebuck 也给予本书非常多的帮助。

最后，如果没有家人的支持，本书是无法完成的。

在本书完成时，有可能我们省略了某些内容。逆向物流是一个相对较新的领域，对当前的实践和潜在的改进都可以进行大量研究。如果有任何无意的错误或遗漏，我们深表歉意。

戴尔·罗杰斯

罗纳德·伦布克

内华达州里诺市

1998 年 8 月

前　言

本书的目的是双重的：提供逆向物流的概述和介绍，并就如何正确管理逆向物流提出见解。

逆向物流是一个新兴领域，因此迄今为止仅发布了数量有限的信息。在可能的情况下，我们尝试为感兴趣的读者提供其他信息来源。但是，在某些章节中，例如关于第 3 章的二级市场，无文件可用。当没有文件可用时，信息是通过访谈获得的，其中许多是在匿名的情况下进行的。

目　录

1 逆向物流的发展规模和价值

1.1 逆向物流的概念

1.1.1 研究范围

本书旨在对逆向物流进行界定，并描述逆向物流发展的趋势和最佳实践。本书的部分内容叙述了美国逆向物流的发展现状。

在进行文献综述时我们发现，绝大部分文献强调“绿色”或逆向物流对环境的影响，而本书除了涉及“绿色”，还着重探讨了逆向物流在经济和供应链方面的问题，目的是对当前实践进行界定、审视，并从逆向物流相关的实践中提取信息，丰富对逆向物流的理解和研究。

为了完成这项任务，研究团队采访了 150 位负责逆向物流的经理。我们考察了这些经理所在的公司，以及这些公司逆向物流的现状以获得一手资料。我们还向 1200 名逆向物流管理者发放了问卷，在收到的 1053 份问卷中，311 份问卷可用，问卷有效率为 29.53%。

1.1.2 什么是逆向物流

物流管理协会对物流进行了如下定义：

为了符合客户要求，对原材料，在制品，产品、成品和相关信息从原产地到消费地高效率和低成本地流动所进行规划、实施和控制的过程。

逆向物流包括了以上定义中提到的所有活动。不同之处在于，逆向物流涵盖了所有这些活动的反向活动。因此，逆向物流可被定义为：

为了恢复价值或适当处置，从消费地到原产地对原材料，在制品，产品、成品进行高效率和低成本地流动所进行规划、实施和控制的过程。

更准确地说，逆向物流是为了恢复货物价值或适当处置货物而从通常的最终目的地转移货物的过程。

再制造及翻新的活动也可能被包含在逆向物流的定义中。逆向物流不仅仅是重复使用容器和回收包装材料，还包括重新设计包装以使用更少的材料，以及减少运输中的能源消耗和污染，虽然这些活动可能更适合“绿色”物流的范畴。如果没有“反向”发送货物或物料，该活动则很可能不是逆向物流活动。

逆向物流还包括处理损坏、季节性库存、转移库存、超额库存和救灾、召回等原因造成的退货。它还包括循环再用、有害物资处理、废弃设备处置和资产回收等活动。

1.1.3　受访者群体

这项研究涉及的公司包括制造商、批发商、零售商和服务公司。在某些情况下，一家公司可能在供应链中占据多个结点位置。例如，许多制造商也是零售商和批发商。表 1－1 列出了研究对象的供应链状况。

表 1 – 1 研究对象的供应链状况

供应链位置	受访者占比
制造商	64.0%
批发商	29.9%
零售商	28.9%
服务公司	9.0%

研究中的大多数公司都是非常大的公司。如图 1 – 1 所示，近一半的公司年销售额在 10 亿美元及以上。

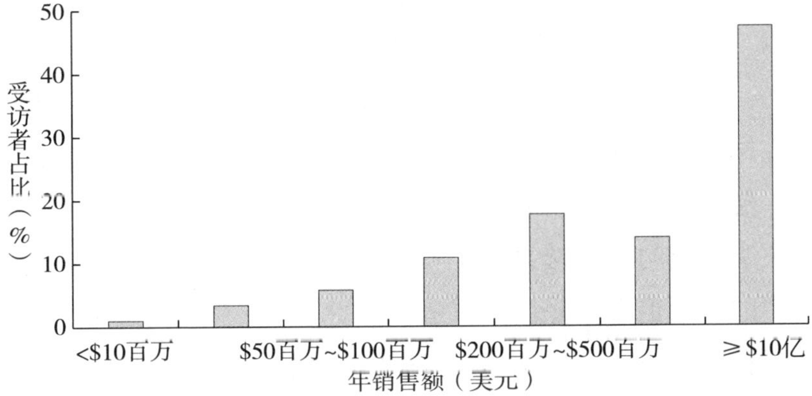

图 1 – 1 受访公司的规模

1.1.4 对逆向物流的关注

随着业界对物流领域认知的深入，物流公司对物流进行科学管理的兴趣与日俱增，人们对逆向物流也产生了极大的兴趣。许多以前不会花很多时间或精力在逆向物流的管理和理解上的公司也已经开始关注这一领域。这些公司正以该领域一流的公司为标准进行退货流程的标杆管理。一些公司甚至对他们的退货流程进行了 ISO（质量体系标准）认证，专门从事退货服务的第三方公司的业务量也大大增长。

除此研究项目外，还有很多聚焦于逆向物流的学术研究正在进行。领先的公司正逐步意识到逆向物流管理系统的战略价值。该系统可以使零售货架和仓库中的商品时刻保持新鲜，且货源充足。

1.1.5　逆向物流的规模

保守估计，逆向物流占美国物流成本的很大一部分。物流成本约占美国经济总量的 10.7%。本研究涉及的公司中，逆向物流成本约占其总物流成本的 4%。将这个平均值应用于国内生产总值（GDP），逆向物流成本约占美国总 GDP 的 0.5%。Delaney 估计 1997 年的物流成本为 8620 亿美元。根据调查样本，本研究估计 1997 年逆向物流成本约为 350 亿美元。逆向物流的规模和影响不但因行业和渠道位置而异，也取决于公司的渠道选择。但是，很明显，逆向物流活动在经济中的体量很大，并且仍在增长。

在特定行业中，逆向物流活动对公司至关重要。通常，在产品价值很高或退货率很高的公司中，已花费了较其他公司更多的精力来改善退货流程。汽车零部件行业就是一个很好的例子。汽车零件再制造市场的价值（根据汽车零部件再制造商协会）约为 360 亿美元。例如，售出的用于更换的所有启动器和发电机中有 90%~95% 是再制造产品。据保守估计，美国目前有 12000 个汽车拆卸商和再制造商。

再制造可以节省大量资源。APRA（美国汽车零部件再制造商协会）估计，在再制造过程中大约有 50% 的启动器可回收再利用，这可以节省几百万加仑的原油、钢铁和其他金属。APRA 预计，若在全球范围内进行再制造，节省的原材料每年将填满 155000 个列车车厢。这些铁路车厢连起来将长达

1100 英里*。

1.1.6　回收率

逆向物流流程大致可以分为两个部分，具体取决于逆向物流主要是由产品组成还是由包装组成。对于产品退货，客户退货占很大的比重。在所有零售商中，总体客户回报率约为6%。表1－2列出了行业的退货百分比样本。在每一行业中，退货百分比都是由几家不同的公司共同确定的。

表1－2　行业的退货百分比样本

行业	百分比
杂志出版业	50%
图书出版业	20%～30%
图书发行业	10%～20%
贺卡行业	20%～30%
目录零售商	18%～35%
电子分销商	10%～12%
电脑制造商	10%～20%
光驱业	18%～25%
印刷行业	4%～8%
邮购计算机制造商	2%～5%
大型零售企业	4%～15%
汽车工业（零件）	4%～6%
消费类电子产品行业	4%～5%
家用化学品行业	2%～3%

显然，回收率因行业而异。对于许多行业而言，学会管

* 1 英里≈1.61 千米。

理逆向物流至关重要。

1.1.7 直接零售商

相比之下，直接或目录零售商的回收率要高于大多数其他零售渠道。直接零售商的回收率超过35%并不罕见，平均水平约为25%。这些目录零售公司不得不改善对退货流程的管理。例外的是直接根据消费者订单生产发货的电脑制造商，其回收率低于邮购计算机制造商。

大多数目录零售公司内部都制订了退货计划。他们利用其逆向物流能力构筑了战略竞争优势。传统意义上，许多目录零售商的退货率很高，因此需要减少退货数量，降低退货成本。

J. C. Penny（彭尼百货）目录分销部的逆向物流管理水平尤为突出。他们的目录分销部与公司其他零售部门相互独立，并且被超高的退货率困扰多年。为了提升整个公司的盈利水平，他们抛弃了以往繁杂的财务制度，构建了一套新的奖励制度，以促使零售商店管理者努力减少高昂的退货成本。当消费者决定退回一件目录购买商品时，他们需将这件商品送至最近的零售商店。这家店的经理若能将此商品重新售出，该经理将得到奖励。若该商品未被售出，则会被退回目录分销中心。在第2章中，将会讨论一个分销中心同时运行正向物流和逆向物流会面临什么困难。J. C. Penny 之所以能够有效地将正向物流和逆向物流结合起来，主要是因为逆向物流是其目录分销领域的优势。

1.2 逆向物流活动

典型的逆向物流活动是，公司从最终用户或转售商处收集用过的、损坏的、不需要的（库存平衡退货）或过时的产品，以及外包装和辅助运输材料的过程。

一旦将产品退还给公司，公司可以选择多种处置方式。表1－3汇总了其中一些处置方式。如果可以将产品退还给供应商以获取全额退款，则公司可以优先选择此种方式；如果该产品尚未使用，则可将其转售给其他客户，或者可以通过折扣商店出售。

表1－3　常见的逆向物流活动

材料	逆向物流活动
产品	退给供应商 重新销售 通过折扣店销售 救援产品 修复 翻新 再制造 原材料回收 再循环 填埋
包装	重用 翻新 材料回收 再循环 救援产品

如果产品不能按原样销售，公司可以对产品进行修复、翻新或再制造，但前提是产品售价远高于这些活动的成本。公司可以选择内部整修，也可以将这些修复、翻新、再制造的工作交由第三方服务商进行。进行完这些活动后，这些产品可以作为翻新或再制造的产品出售，但不能作为新产品

出售。

如果由于产品可能出现的糟糕的状况、法律的限制或环境的约束，不能对其进行再制造，则公司应以最低的成本将这些产品进行处置。产品中有的部分将被直接回收利用，经提炼处理，可利用的材料被剥离，无法利用的残渣被送去填埋。

通常，退回的包装材料将被重复使用。例如，包装袋和托盘会被多次使用，最后才会废弃。破损的包装袋和托盘经过维修后都能重新使用。这项工作可在企业内部完成，也可以交给维修托盘和翻新包装袋的专业公司。直到无法维修时，这些物品才会被丢弃。当然，填埋前所有可用的材料都会被回收。

法律要求欧洲公司回收用于其产品运输的包装。为了降低成本，公司尝试尽可能多地重复使用这些包装，并在无法再利用时，回收包装物的组成材料。

1.2.1 货物的逆向流动

表 1 -3 中显示的活动通常被认为是逆向物流流程的核心环节。这些活动中的每一个都会引起一些有趣的问题，本研究将解决其中的多数问题。但是，从物流的角度来看，这些活动大部分的共通点在于公司应如何低成本和快速地将这些产品从不需要的地方转移到加工地点、再利用地点和回收地点，而且，公司要对每件产品的去向进行配置。也就是说，对于进入逆向物流系统的每件产品，公司必须确定它的最终目的地。

1.2.2 逆向物流活动的分级

显然，逆向物流包括的活动种类很多。这些活动可以分为以下几类：逆向流动的产品是来自最终用户还是来自分销渠道的成员，例如，零售商或分销中心；逆向流动的物料是产品物料还是包装物料。尽管存在其他重要的分类标准，但这两个因素有助于为逆向物流活动提供基本框架。无论最终目的地是哪里，逆向物流中的所有产品必须先进行收集并分类，然后发送到下一个目的地。在逆向物流中，产品来源于哪个环节是决定逆向物流系统模式的主要因素。

在此背景下，表1－4呈现了许多导致产品逆向流动的原因。如果产品从客户那里进入逆向物流系统，第一种可能是产品确实有问题；第二种可能是即便产品没问题，消费者仍认为该产品有缺陷，要求退货。这种退货称为“无缺陷的次品”。

如果产品尚未达到使用寿命，消费者可能将产品退回维修，或由于制造商召回而退回；如果产品已达到使用寿命，则在某些情况下，客户可以将产品退还给制造商，以便制造商可以正确处置产品或回收材料。

如果供应链合作伙伴退回产品，可能是因为该公司为市场促销活动订购了过多的产品，或者是因为该产品未能按预期销售。再或者这些产品可能已经过了保质期，或者已经过季，以及可能在运输过程中破损。

表1－4　　导致产品逆向流动的原因

	供应链合作伙伴	终端用户
产品	库存平衡回收 营销回收 过期/过季 运输损坏	缺陷/不需要的产品 保修退货 厂家召回 涉及环境问题的处置

续　表

	供应链合作伙伴	终端用户
包装	可重复使用的包装袋 多行程包装 处置要求	直接重用 材料循环利用 根据规定处置

在美国，对包装的重复使用相对较少，现存的逆向物流活动大多仅与产品有关，与包装无关。当然也有例外。许多国内的公司已经开始选择可重复使用的容器，如组合式箱笼。我们将在第 5 章中叙述，欧洲的制造商必须回收这些包装。在这种环境下，包装和相关材料构成了非常大规模的逆向物流活动。随着越来越多的美国公司在欧洲建立分支机构，可重复使用的包装也将变得越来越普遍。

1.3　逆向物流的战略价值

1.3.1　逆向物流可作为战略武器

企业会识别和调整一些战略变量，这些变量会对企业净收益产生长久而深远的影响。为了生存，企业必须对这些战略变量进行管理，因此必须进行长久的规划，而不仅仅是对当下的问题或所处状况进行本能的反应。

不久之前，企业要强调的唯一战略变量可能是业务功能，例如，财务或营销。从 20 世纪 70 年代末到 80 年代末，一些有远见的企业开始将物流能力视为战略武器和竞争优势。

尽管越来越多的企业开始将其通过供应链回收物料的能力视为一项重要能力，但大多数企业尚未将逆向物流看作一个战略变量。

与此同时，有效应对逆向物流带来的问题也是企业必须具备的战略能力。1982 年 9 月，强生公司的麦克尼尔实验室遭到非常严重的威胁，有人将氰化物放入未开封的强生龙头产品泰诺胶囊中，毒害了很多人。这种恐怖事件在接下来的几年内再次发生。此后，强生构建了一个有效的逆向物流系统，并立即清理了销售渠道中所有可能受到污染的产品。由于强生公司的行动迅速和彻底，危机过后，麦克尼尔实验室创造了有史以来最高的销售纪录。毋庸置疑，如果当时强生无法通过现有的逆向系统迅速有效地召回和处理问题产品，公众将不会做出如此积极的反应。虽然泰诺事件是一个极端的例子，但它说明了逆向物流能力所具有的战略意义，以及逆向物流能够对企业产生的重大影响。

零售商将逆向物流用作战略变量还有一个领域，即零售领域，零售商运用逆向物流以保持消费类产品的新鲜诱人。引用分销系统公司 GENCO 资产回收部执行副总裁的话，“零售商过去通常会将产品退回供应商变现以弥补‘错误’。今天，他们这样做是为了维持产品的新鲜”。

零售商店最重要的资产是其零售空间。为了使每平方米销售空间的利润最大化，商店必须时刻使商品看上去新鲜诱人。杂货店的利润只有微薄的 1%~2%，店主很早就意识到：只有畅销的产品才能保留在货架上，这一点至关重要。超市必须经常翻库存，以防止产生闲置损失，并最大限度地提高空间周转率。现在，非杂货类的零售商也已经开始将超市的做法应用于他们自己的业务了。

从 20 世纪 70 年代开始杂货类的零售商组建产品召回中心。这些召回中心位于存在废旧产品和卖不出去的产品的地点。刚开始，这些召回中心是附属于商店的。后来，连锁超市开始将陈旧或劣质产品运送到产品召回中心进行处理。

在战略上，逆向物流倾向于希望正向物流参与者，如零售商和批发商，减少购买非“热销”商品。例如，一家唱片公司开发了一个程序，用于根据变量（如单个唱片艺术家的姓名）来调整各种产品的退货率。该计划为唱片公司和零售商创造了双赢的环境，大家都拥有了更多选择。该计划使唱片公司能够开发新的艺术家专营权。如果唱片公司没有实施该计划，其零售商将可能只愿意进一些“确定有人买”的唱片。

战略性使用收益的还有一个例子是电子分销商，在内存芯片价格波动期间，某电子分销商创建了一个程序来帮助经销商更好地控制库存并平衡库存。通过允许经销商在合理的时间内退还产品，鼓励经销商保持低库存并及时进行购买。

逆向物流能力的战略性应用增加了更换供应商的转换成本。几乎每项业务的目标都是锁定客户，以免他们转移到其他供应商那里。供应商可以为客户提供的一项重要服务是迅速回收未售出或有缺陷的商品，并及时向客户提供信用服务。

如果零售商今天对逆向物流没有战略眼光，那么明天他们可能会遇到麻烦。一些退货率高的零售商，例如，目录类、玩具类以及电子产品类，若没有强大的逆向物流系统，则很容易倒闭。鉴于北美零售商面临的竞争压力，良好的逆向物流系统带来的净收益对公司的整体盈利能力至关重要。对于研究中包括的一些大型商品销售商，良好的逆向物流对公司利润的影响很大。还有一家大型零售商发现，整个公司利润的25%来自其在初始阶段改善了的逆向物流系统。

在此研究项目中，研究团队研究了可以战略性运用逆向物流的几种方法。表1－5列出了逆向物流的这些战略用途。

表 1－5　　　　　　　　　战略用途

用途	百分比
竞争原因	65.2%
清理销售渠道	33.4%
与法律相关的货物处置问题	28.9%
产品价值回收	27.5%
资产回收	26.5%
保护边际利润	18.4%

1.3.2　竞争的原因

研究受访者表示，出于竞争原因，他们将逆向物流作为一项战略变量。由于竞争压力，在过去几年中大多数零售商和制造商放宽了退货政策。尽管退货政策自由化的趋势已经开始有所改变，但很多企业仍然认为，满意的客户是他们最重要的资产。使客户满意的部分原因是他们可以退回不想要的产品或他们认为不满足需求的产品。

通常，认为某产品不能满足其需求的客户将退回该产品，无论其是否能正常使用。在这种行为中有一个有趣的例子，一家零售商最近报告了两个占卜板的退货案例。占卜板是一种儿童玩具，据说可以与精神世界沟通。一个占卜板的退货原因是“无论我们多么努力，我们都无法从‘另一个世界’得到任何好的答案”，另一个占卜板的退货者说，“占卜板给出的指示太多了，这太恐怖了”。在这两种情况下，商家都允许消费者退回这些“有缺陷的”产品。

这些竞争压力在很大程度上似乎取决于文化差异。与大多数其他国家和地区相比，北美的消费者和企业退货更快。实际上，许多其他国家和地区，绝不允许退货。在研究过程中接受采访的一些国际管理人员和学者认为，如果本国或本地区允许自由退货，企业和消费者都会滥用这种权利。但是，很明显，在某些国家和地区，企业退货的模式正在越来越接近北美模式。在未来的几年中，国际公司可能会感受到巨大的压力，这要求其放宽退货政策并提高逆向物流能力。

本研究在进行定量分析之前，人们认为零售商已经开始逐步舍弃自由退货政策，这种政策在20世纪70年代和80年代曾无处不在。总体而言，此项研究的受访者仍然认为，他们企业的退货政策相当宽松。具体表现如图1－2所示。受访者被要求从1到7评估他们的退货政策，其中1＝非常保守，7＝非常自由。

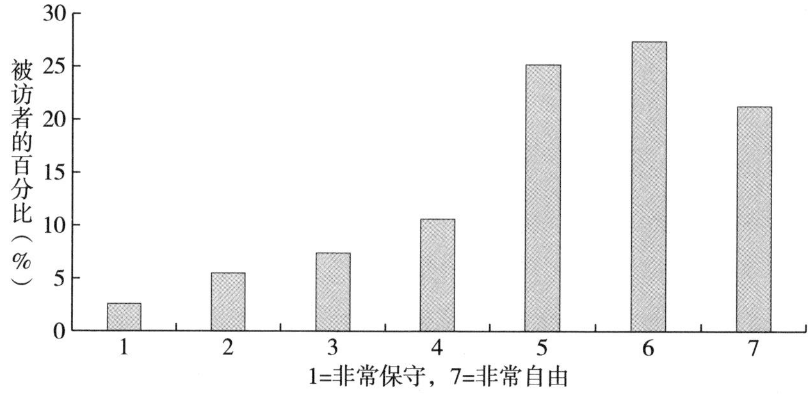

图1－2 受访者退货政策宽松度的分布

1. 退货政策变更

一些企业已开始对客户采取更积极的态度，并试图减少退货数量。由于客户服务的压力，如果在同一行业中运营的其他企业具有宽松的退货政策，而本企业不采取行动，则很难在竞争中占有先机。如果某一行业的一家企业制定了宽松的退货政策，则该行业中的其他企业很难收紧其退货政策。

一些零售商开始重新考虑自由退货政策，并试图在其作为营销工具的价值与其相关成本之间取得平衡。退货政策正在收紧，零售商分析退货流程，以期降低成本，获得收益。

实行宽松退货政策的原因之一是，它可以平衡卖方和消费者之间的风险分担。在某些渠道中，消费者可以将任何产品退还给零售商，零售商、批发商与制造商之间也有宽松的退货安排，制造商最终要对产品的整个生命周期负责。这些宽松的退货政策有时会变成“退货滥用”政策，制造商最终要承担极高的风险。

有趣的是，总体而言，研究的受访者并不认为他们企业的政策有太大变化。这里有个著名的例子，一家电子零售商在退货时开始向客户收取补货费，研究团队希望通过这个行为预示退货政策已开始收紧。尽管在未来几年内可能会收紧退货政策。

图 1－3 给出了退货政策的预期变化。从该图可以看出，退货政策似乎并没有发生太大变化。

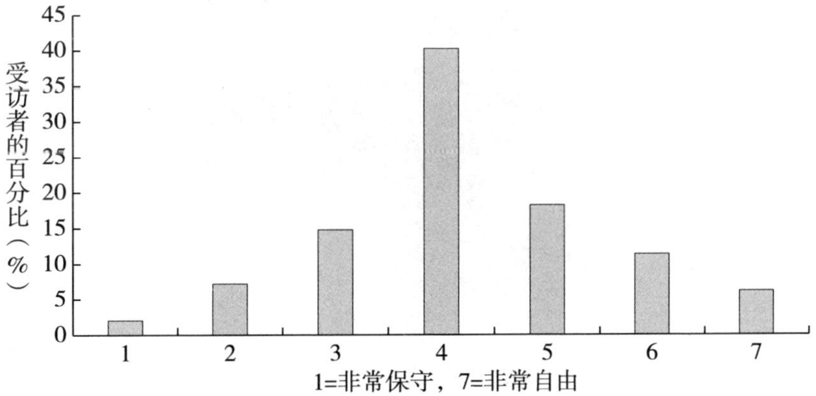

图 1－3　退货政策的预期变化

2. 塑造社会好公民形象的需要

实行宽松退货的另一个竞争性原因是通过更好地服务社

会，使本企业脱颖而出。一些企业由于慈善之类的其他原因会使用其逆向物流能力。例如，资产5000万美元的婴幼儿服装直接零售商Hanna Andersson（汉娜·安德森）开发了一项名为“Hannadowns（汉娜当斯）”的计划。在汉娜当斯计划中，客户可以将儿童穿旧的汉娜·安德森品牌的衣服邮寄回公司。然后，公司将为这些客户提供汉娜·安德森新款衣服购买价格20%的折扣。对于汉娜·安德森而言，该计划非常成功。1996年，客户退还了133000件服装和配饰。汉娜·安德森将旧衣服捐献给了学校、无家可归者和其他慈善机构。

在第二个案例中，一家鞋类制造商和零售商Kenneth Cole Productions（肯尼斯·科尔制造公司）鼓励消费者在2月将旧鞋退回Kenneth Cole（肯尼斯·科尔）商店。作为退回旧鞋的回报，客户可以在购买新鞋时获得20%的折扣。图1-4为肯尼斯·科尔制造公司的旧鞋回收广告。

图1-4 肯尼斯·科尔制造公司的旧鞋回收广告

耐克也鼓励消费者将穿旧的鞋子退回原购买商店。这些鞋子被运回耐克工厂，在那里被切碎并制成铺设篮球场和跑道所需的材料。耐克没有像汉娜·安德森或肯尼斯·科尔那样给消费者折扣，而是捐赠了这些材料来修建篮球场，并捐赠资金来帮助建立和维护这些篮球场。管理这些逆向物流的成本很高，但是这些活动提高了品牌价值，并且可以激励消费者购买耐克的产品。

在这些案例中，所涉及的企业都在战略性地利用逆向物流。他们通过服务社区、帮助底层民众，塑造了社会好公民的形象。尽管这些政策可能不是所有客户购买其产品的原因，但它们被认为是一种营销激励措施。这使得逆向物流不仅有益于环境，而且以一定的成本激励了消费者的购买行为，促进了企业的发展。

1.3.3 清理销售渠道

逆向物流还可以用于清理客户库存，促使老客户购买新产品。例如，汽车制造商制订了相当宽松的退货政策，并拥有庞大的逆向物流网络，这使他们可以从经销商处取回零部件。这些零部件经常被再造，创造回收价值。如果经销商持有的新零部件销售情况不好，汽车制造商将给予经销商优厚的返还津贴，以便他们购买真正需要的新零件，从而最终为消费者提供更好的服务。大多数汽车经销商以及其他行业的许多经销商都是家族企业，可用于投资库存的资金有限。他们通常不具备最先进的库存管理能力。清理零件库存、减少信贷额度限制并提高客户满意度是零件供应商较大的利润来源。

1.3.4 保护边际利润

在参与研究的企业中，有近 20% 使用逆向物流来保护自己的边际利润。逆向物流的这种战略用途与清理销售渠道密切相关。公司使用逆向物流清理自己的库存、客户的库存以及客户的客户的库存。一些企业主动管理下游库存，而不是被动接受。这些企业已经制订了可以使库存最大化贴近流行性的流程。较新的库存可以带来更高的价格，从而保护边际利润。

1.3.5 与法律相关的货物处置问题

还有一类原因被称为与法律相关的货物处置问题，这也是一种战略性问题。超过25%的受访者表示，与法律相关的货物处置问题是他们进行退货的主要原因。随着垃圾填埋费用的增加，以及有害物质处置措施的选择减少，合法处置不可挽救性物质变得更加困难，企业必须仔细考虑这些问题。参与这项研究的一家企业由于以前对有害的废物管理不善而被环境保护部门处罚，这直接导致了该企业制造系统和分销系统的整改。该企业现在努力确保工厂中产生的任何物资都能被正确处置。

1.3.6 产品价值回收和资产回收

研究中超过25%的企业表示，产品价值回收和资产回收具有战略意义。最近开始实施资产回收计划的企业发现：出乎意料的，其基本利润中很大一部分来自资产回收计划。这些计划不但可以增加从废旧物料中获得的利润，还可以使废旧物料的获得成本接近于零。

1.3.7 结论

尽管许多企业尚未意识到有效的逆向物流带来的战略潜

力，但这种趋势已经越来越明显。现在，人们对逆向物流的兴趣越来越浓厚。企业开始对其逆向物流系统和组织加大投资。业务单元战略重要性的一个明确指标就是对该业务单元管理所花费的金额。

考虑到某些行业惊人的退货量，这些行业的企业将退货管理视为企业战略目标和核心竞争力也就不奇怪了。在未来几年中，行业中不太重视逆向物流工作的企业可能会发现，对退货系统进行投资将提高其盈利能力。显然，对于许多企业而言，出色的逆向物流工作大大增加了他们的净收益。

1.4　逆向物流带来的挑战

1.4.1　零售商—制造商冲突

管理退货的困难之一是制造商和零售商目标的不同。它们在许多问题上的不一致可能使两者之间的差异成为一个鸿沟，如图 1－5 所示。

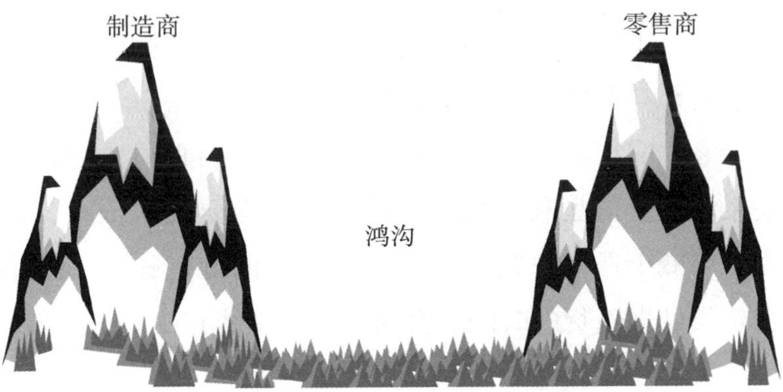

图 1－5　制造商和零售商之间的鸿沟

每当零售商想要退回商品时，其和制造商可能会就以下任意一项存在异议：

- 物品状况
- 物品价值
- 响应速度

通常从零售商的角度来看，每件产品都是以原始状态退回的，出现任何损坏不是运输导致的，就是制造缺陷。制造商则可能会怀疑零售商由于计划不周而滥用退货政策，或退回其自己损坏的产品。一旦双方对物品状况达成一致，就必须确定零售商应获得的价值。零售商可能要求全额退款，而制造商可能有很多理由不给予全额退款；另外，即使做出了退款决定，退款有时也难以迅速支付给零售商。

零售商向制造商退货是减少季度末库存的一种方法。零售商可能突然将物料退回制造商，或提前通知制造商退货的需求，并随后详谈细节。

出于类似的原因，制造商将退货成本从销售额中扣除也需要一段较长的时间。他们可能希望将退货成本计入后面的会计期间，或者可能不会以全价扣除退货成本。

有时，零售商只是简单地从发票中扣除货物的成本。通常，该发票与退回货物的发票不同。

最终，零售商和制造商都意识到，他们必须建立合作伙伴关系才能获得互利共赢。显然，大家需要彼此依存，共同努力，以减少退货的数量，并加快退货的处理速度。效率低下会延长处理退货的时间，会对双方都造成损失。

1.4.2 问题退货的表现

Fritz Institute of International Logistics（弗里茨国际物流研究所）的 Dr. Richard Dawe（理查德·道维博士）指出了退货

问题的六个表现。这六个表现如表1－6所示。

表1－6　　退货问题的表现

- 退货到达速度快于处理速度或处置速度
- 大量退货库存存放于仓库中
- 存在无法辨认或来历不明的退货
- 较长的退货处理周期
- 退货流程总成本未知
- 客户对维修活动失去信任

如果仓库中存放着大量退货库存，那么企业处理退货的方式显然存在问题。同样，如果发现大量来历不明或无法辨认的退货，退货流程必定存在重大问题。

成堆的未经处理的退货很容易被注意到。然而，道维博士发现也有一些表现并不容易被注意到。这项研究的发现之一是缩短退货处理时间对于高效处理退货很重要。如果企业不管控退货处理时间，他们将无法确定自己在该领域的绩效如何。从事逆向物流的企业所面临的较大挑战之一是缺乏有关处理流程的信息。我们一次又一次地看到，这些企业往往没有正规的系统来监控其逆向物流活动。而我们都知道，定量化的衡量是管理的基础。

1.4.3　逆向物流的效果

数据收集不全会导致无法确定退货原因。从长远来看，合理的逆向物流管理带来的最大价值就是累积的数据。改善退货流程并有效处理退货产品可降低成本。但是，能够查看有缺陷的产品并通过原因码跟踪退货问题，比简单地提高退货处理效率更为有用。在正向物流中，有效地管理信息比管理库存更为重要。通常，那些信息管理得好的企业，库存也管理得十分高效。那些物流数据管理不善的企业，库存管理通常也很差。此规则同样适用于逆向物流。

1.4.4　逆向物流的反响

在过去的几年中，许多企业实施逆向物流主要是迫于政府监管或环境机构的压力，并不是为了经济利益。对于其中的大多数企业来说，逆向物流并没有像其他业务活动那样受到重视，并且由于通常没有详尽的分析，难以判断大量投资于改善逆向物流系统和能力是否合理。就像泰坦尼克号的船长一样，他忽视了冰山预警（最后导致了巨大的灾难），企业高管们也常常无视逆向物流问题。

1.5　逆向物流成功实施的障碍

当我们继续研究涉及本项目的企业时，很明显，对于许多企业而言，由于切实存在的大量内部和外部的障碍，逆向物流很难成功实施。我们向 300 名受访者询问了哪些问题导致他们难以完成逆向物流的任务。这些答案分为以下几类：逆向物流的重要性相对于其他业务不高、公司政策不支持、缺少相应的系统、竞争问题、管理疏忽、缺少资金、人员短缺和相关法律问题。具体如表 1－7 所示。

表 1－7　　逆向物流的实施障碍

障碍	百分比
逆向物流的重要性相对于其他业务不高	39.2%
公司政策不支持	35.0%

续　表

障碍	百分比
缺少相应的系统	34.3%
竞争问题	33.7%
管理疏忽	26.8%
缺少资金	19.0%
人员短缺	19.0%
相关法律问题	14.1%

在接受采访的企业中，极少有企业在运营层面上管理逆向物流成本。显然，由于成功实施逆向物流任务对于许多企业而言很困难，必然存在许多实施逆向物流的障碍。受访者指出，“逆向物流的重要性相对于其他业务不高（39.2%）”是逆向物流实施的最大障碍。这些受访者表示，逆向物流并不是企业运营的重点。一些受访者提到，他们很难对逆向物流系统进行成本合理化说明及调整。正如一位高管所说：“毕竟这是垃圾。您不能期望我的老板投资垃圾吧?”尽管废弃物不一定是垃圾，但人们常常认为它们就是垃圾，一般人会认为垃圾自然是不值得大量投资的。

当然，我们在调查中发现，许多企业的态度正在改变。例如，在图书出版业中，逆向物流历来未被认为是重要因素。最近，极高的退货率使许多出版商陷入亏损。显然，从长远来看，这些出版商必须要重视逆向物流管理了。本书第6章会更加详细地讨论：为何退货管理在图书出版业中越来越重要。

受访者提到的第二大类障碍是“公司政策不支持”（35.0%）。受访者的这种反馈可能与企业管理的疏忽以及对逆向物流的不重视有关，它还与企业处理退货和非畅销品的战略有关。因为企业不想让“垃圾”产品塞满他们最好的销售渠道或“A”级渠道，所以经常制订政策，使这些优势渠道很难有效处理退货或从这些退货中回收次级价值（销售以外的价值）。然而，有趣的是，当前的企业政策似乎正在朝着破除限制回收的桎梏及有效处理退货的方向发展，以便从废弃物品中回收宝贵的价值。

对于34.3%的受访者来说，“缺少相应的系统”是另一个严重的问题。在这个研究项目中，我们发现极少有运营良好的逆向物流系统。

“竞争问题”（33.7%）和“管理疏忽”（26.8%）也阻碍了逆向物流的落实。19.0%的受访者认为资金和人事问题是障碍。对大多数企业而言，高管人员的关注和政策远比获得资源重要。

对逆向物流管理影响最小的问题是法律问题。这一发现与我们的预期相反。传统观点认为，在过去的几年中，大多数企业主要是由于政府监管或环境机构的压力而不是为了经济利益来实施逆向物流。尽管这可能是事实，但对于我们研究中的大多数企业而言，法律问题似乎并不是主要问题。

2 退货管理

逆向物流活动有很多种。正如第 1 章所讨论的，该项目的大部分重点都集中于研究产品从零售商到各级供应商的反向流动上，这些产品通过供应链反向流向其来源地或其他处置地点。

物料流动的管理是第 2 章的重点。显而易见，研究的受访者认为利用不同的方式处理退货会对企业的利润产生不同的影响。接下来，项目团队对这些逆向物流管理的关键要素进行了详细研究。如表 2 – 1 所示。

表 2 – 1　逆向物流管理的关键要素

- 守门环节
- 压缩处置时间
- 逆向物流信息系统
- 集中式退货中心
- 零退货
- 再制造和翻新
- 资产回收
- 谈判
- 财务管理
- 逆向物流外包

2.1 做好退货的“守门环节”

多年来，零售商和制造商一直只专注于改善库存管理的流入和流出物流（仅仅是从正向物流的角度）。我们的研究表明，现在需要将注意力集中在逆向物流管理功能上了（这是每家企业都需要的）。逆向物流的切入点或我们所谓的“守门环节”应引起更多关注。守门环节需要在逆向物流流程的入口筛选出有缺陷的产品和客户不需要的产品。守门环节的准入是整个逆向物流管理的首要关键因素，也是影响利润的第一个关键点。

客户的满意是企业成功的必要条件。零售业的成功案例，例如，L. L. Bean（里昂·比恩）的成功在很大程度上可归因于其卓越的客户服务，特别是在客户导向型市场环境下。而自由的退货政策通常是企业客户服务的内容之一。里昂·比恩因其无条件接收客户的破旧服装而广为人知。只要选择了里昂·比恩的产品，该公司将承担购买过程中涉及的所有风险。这些优惠政策是该公司重要的营销激励措施。从 20 世纪 80 年代末到 90 年代初，许多公司都以里昂·比恩公司出色的客户服务为标杆来学习。公司承担了如下风险：产品可能存在的故障、损坏，或“只是不想要了”。这种营销理念吸引了客户，增加了销售额，但同时也给零售商带来了很多问题。

虽说自由退货政策可以吸引客户，增加购买行为，但同时也会造成客户对退货政策的滥用。例如，研究团队造访了一家名为 GENCO 的零售商品退货中心。运入该中心的一些商品甚至还未出售就被零售商退掉了，而非从客户手中退回的。没有完善的管理体系，没有训练有素的零售店员工，这种对退货政策的滥用要比零售商以为的数量还多。

在图书出版业中，出版商允许书店退还任何产品并抵扣成本。通常，实际上一种图书的退货率影响了该图书的盈利水平。

相反，作为发行商最大客户的图书发行商只允许下级书店退回一定比例的图书。图书零售商意识到出版商和发行商的政策存在差异，于是，首先将固定的配额退还给上级发行商，然后将剩余的部分退还给出版商，尽管他们是从图书发行商那里进货，而不是直接联系出版商。在一些情况下，由于发行商的退货政策严苛，图书零售商会将这些图书全部退给出版商。

采用这种策略会迫使出版商承担大部分图书的返还费用。由于出版商原本可能以比销售给零售商更低的价格将图书卖给发行商，所以发行商的利润虽然减少了，却避免了处理退货的费用。该系统似乎很难实现有效性及公平性。

在我们的研究过程中，几家零售商对在商店一级筛选有缺陷和无用的退货商品的难度表示担忧和震惊。商店级别的职员和一线人员通常不愿或没有能力把握住退货流程的守门环节。零售商需要对销售人员进行更好的培训。他们还可以开发系统以将决策权从销售人员手中夺走。

电子游戏开发商任天堂开发了一种特别新颖的守门系统。如果零售商在销售点出售给消费者时对游戏玩家进行了注册，他们就会向零售商返还 0.50 美元。然后，任天堂和零售商可以确定产品是否在保修期内，以及是否在允许的时间范围内退还产品。他们开发了带有“窗口”的特殊包装，该“窗口”允许零售商的销售点扫描仪扫描序列号。此信息更新了当客户送回任天堂机器时零售商可以访问的数据库。

这个新系统对任天堂的影响是巨大的。采用该系统后，任天堂的退货率下降了 80% 以上，还不到销售量的 2% 。但是，对于大多数制造商和零售商来说，在销售点注册 20 美元的系统太昂贵了。在大多数情况下，一旦销售人员做出有关退货的决定，该决定通常不会被推翻。因为许多销售人员在这一领域没有接受太多的培训，所以退货的问题会被逐级放大。

退货守门系统的失败也会在供应商和客户企业之间造成巨大的摩擦，更不用说收入损失了。例如，专业服装制造商的股票价格在 1996 年年底急剧下降。这种下降在很大程度上是由于销售产品的专业零售商无力有效管理向制造商的退货。大多数郊区购物中心的零售商，其收入只约占制造商收入的 1/3，这是造成问题的原因。

零售商没有使用集中的退货处理中心（这些处理中心可以显著加快逆向物流的流程），而是累积了商店退货，偶尔会大批量地将货物退回给制造商。这种做法，再加上制造商与零售商之间的沟通渠道中断，造成了退货数量过多的情况，零售商仅占了原始成本的一小部分。随后，零售商的利润受损，他们向制造商的购买量减少。制造商的股票跌至本年最高点的 1/3。在撰写本文时，双方都受到了重创。如果优先考虑其退货过程的守门职能，而不是附加条款，则可以避免这些损失。

2.2　压缩处置时间

成功进行逆向物流管理的另一个关键因素是较短的处理周期。

如上所述，最擅长管理逆向物流流程的企业擅长把关环节。这些企业还能够减少与退货产品决策、移动和处理有关的时间周期。一位高管描述了管理退货流程中的困难，并说：“您知道，这种东西不像上等葡萄酒。随着时间的增长，情况不会变好。”

虽然大多数退货产品不会随时间老化，但很明显，如何缩短漫长的退货过程仍然十分重复。对于许多被研究的企业来说，退货是意料之外的事情。通常，当物品返回配送中心时，人们并不清楚这些物品是否存在缺陷；是否可以重复使用、翻新；是否需要送到垃圾填埋场。管理前向运行配送系统的挑战是困难的，但对于企业来说，分配资源比反向管理系统更加困难。

公司在压缩处置周期时间方面遇到的部分困难在于，承担责任并及时决定应如何处置产品似乎没有太多回报。当决策规则未明确规定且经常出现例外情况时，员工将难以作出决策。将产品传递回渠道的前一阶段更容易，因为这样可以降低个人和公司的风险。

2.3 逆向物流信息系统

企业在执行逆向物流操作中面临的严重问题之一是缺乏良好的信息系统。很少有企业成功地实现了有关退货流程的信息自动化。根据研究中企业的反馈，逆向物流从业者似乎认为商业化的逆向物流管理信息系统十分罕见。由于信息系统资源通常会受到限制，因此这些资源通常不可用于逆向物流应用。信息系统部门用于构建未确定为核心流程的应用程序的队列通常会超过一年，一些信息系统部门的队列长达两年以上。考虑到这一困难，逆向物流应用通常不是信息系统部门的优先事项。

为了良好的运作，逆向物流信息系统必须具有灵活性。除了上述问题之外，逆向物流流程还存在很多例外情况，因此这些流程的自动化也很困难。逆向物流是典型的企业之间，或是同一企业不同业务部门之间跨界的操作。系统的跨界开发必然增加问题的复杂性。

对于零售商而言，需要一种在商店级别跟踪退货的系统。该系统应该在商店创建一个数据库，以便零售商可以开始跟踪退回的产品，并一直跟踪整个过程。

在本研究中，有一家公司做得很好，他们开发了一个非常简单的系统来协助缩短处置周期。除了投资计算机系统外，他们还设计了手动系统来改善退货处理流程。他们使用了三色系统。商店员工根据内置于服务台的销售点终端的决策规则接收有关退回商品的指令。销售点终端检索该特定商品的退货政策。如果要退还给供应商，店员会在商品上贴上黄色标签。绿色标签表示该物品将被放置在修复产品的托盘上。如果贴上红色标签，则为例外物品，必须进行研究再进行处置。该公司试图将红色标贴的数量保持在最少。由于处置决策是由系统做出的，并且不依赖于人为判断，因此处置周期将大大缩短。

此外，由于使用了该系统，该公司还在跟踪退货、测量周期时间和供应商绩效方面拥有优势。该公司的买家在与供应商交谈并协商配额时掌握了更多更准确的信息。同样，商店可以查看消费者是否正在实施“退货滥用”行为，并试图利用商店的优势。之所以能实现这些益处，是因为该公司已经认识到逆向物流的底线影响，并分配了资源来解决逆向物流系统问题。

2.3.1　退货事务处理

在真正集成的供应链中，每个人都可以跟踪产品在渠道中前进的过程。尽管只有较少的供应链能够很好地发挥作用，但实际上没有任何供应链可以反向运作。因此大多数公司无法跟踪企业内的退货，更不用说跟踪企业外部的退货了。

2.3.1.1 零售商

在集中式退货中心的退货处理系统中，可能会发生如下交易。第一可能是财务交易，库存类别将被更新。发生与供应商核对的退单或类似的情况，零售商可能希望立即从其供应商处重新订购优质的产品。然后，确定用于处理的路线或处理中心内的存储位置。此步骤可能需要逆向仓库管理系统。

2.3.1.2 制造商

制造商将生成退货授权书（Return Authorization，RA），这通常是手动过程。RA 可以以电子方式生成，包括自动检查是否应授权退货。接下来，可能会产生退货对财务的影响。这些功能对于更好地管理退货非常有帮助。下一步是自动提取产品，并且可以减少 Advancad Shipping Notification（高级装运通知）。

当前，大多数制造商以人工方式获取退货。收到退货后，将创建一个数据库以进行对账。因为大多数制造商都是手工接收退货的，所以如果创建数据库会很慢，进而导致降低对账和退货的处置速度。

2.3.2 Electronic Data Interchange（EDI）标准

电子数据交换（EDI）标准有助于处理退货。180 个交易套餐被开发以管理有关退货流程的信息流。但是，很少有研究受访者实施过180个EDI套餐。大多数被调查公司已经实现了一些EDI功能。他们只是没有投入太多资源来开发用于退货的EDI链接。一位高管说："我可以让供应商整天向我发送ASN。我只是无法让任何人告诉我产品正返回仓库。"

接受采访的一些企业表示，最终，互联网将取代EDI交易的实施。在诸如逆向物流之类的应用中，资源总是很难收集的，廉价的基于浏览器的退货接口可能是系统问题的一种解决方案。除了较便宜之外，互联网样式的接口通常可以比昂贵的大型机应用程序更快地被开发。此外，GENCO、IBM、HP（惠普）和其他公司正在测试车牌和二维条码以填补系统之间的空白。Symbol和Telxon等硬件公司正在开发逆向物流应用解决方案。

一个好的逆向物流系统可以替代零售商店的部分功能。接受该研究项目采访的一家零售公司发现，他们安装了逆向物流系统后，便能够减少员工的数量。

一个好的系统可以使企业迅速获得退货的信贷，从而改善逆向物流渠道的现金流管理。与逆向物流信息流不是自动化的情况相比，企业可以更改供应商，清算旧供应商的产品。相比于非自动化的逆向物流信息，能够更快地通过最终解决方案。

2.3.3 退货原因和处置代码

良好退货交易的处理是为了了解为何退回这些物品以及应如何处置它们。表2－2中列出了标准化的可能的退货原因代码。

表2－2 退货原因代码
维修/服务代码
• 工厂维修—返回供应商进行维修
• 服务/维护
• 代理商订单错误—销售代理商订购错误
• 客户订单错误—订购错误的物料
• 输入错误—系统处理错误
• 运输错误—运送错误的材料
• 不完整的发货—订购物品丢失
• 数量错误
• 重复装运
• 重复的客户订单
• 未订购
• 遗失的部分
损坏/瑕疵
• 损坏—化妆品
• 到达时死亡—无效
• 缺陷—无法正常工作
合约协议
• 库存过多—现有库存过多
• 库存调整—库存周转
• 过时的—超期的
其他
• 货运索赔—在运输过程中损坏
• 其他杂项

在表2－3中，显示了可能的处置代码。

表2－3 处置代码
处置方式
• 废弃/销毁
• 安全处置
• 安全处置（录像带）
• 捐赠给慈善机构
• 第三方处置
• 用于打捞救援
• 第三方销售（二级市场）

续表

维修/修改 • 返工 • 再制造/翻新 • 修改（可配置或可升级产品） • 修理 • 返回供应商 其他 • 原样使用 • 转售 • 交换 • 杂项

研究中包括的几家企业在压缩处置周期方面也采取了更复杂、更困难的步骤。此步骤是开发集中式返回中心（CRC）网络。虽然从直觉上讲，建立 CRC 不会减少周期时间，但在每家研究采用 CRC 概念的企业中，退货处置时间都会减少。时间的减少很可能归因于信息系统的改进和对于处理退回物料程序的清晰理解。在大多数情况下，周期的缩短直接并积极地影响了公司的利润。

2.4　集中式退货中心

集中式退货中心（Centralized Return Centers，CRC）是致力于快速有效地处理退货的设施。CRC 已经使用了很多年，在最近几年中，已变得越来越流行，因为越来越多的零售商和制造商决定使用专门的地方和员工来管理和处理退货。

在集中式系统中，所有用于逆向物流管理的产品都被带到中央设施中，在这里对其进行分类、处理，然后运送到下一个目的地。该系统的好处是通常可以为退回的物品带来更高的价值。这些还部分地归功于分拣专家，这些分拣专家在某些领域积累了专业知识，并且能够始终如一地为每种产品找到最佳目的地，这也使公司能够最大限度地提高产品的收益。

通常，CRC 以以下方式工作。零售商店将产品发送回一个或多个 CRC。如果零售商是一家大型的、国内的或国际的公司，则很可能拥有多个 CRC。例如，Kmart（凯马特）公司的系统中有四个 CRC，而 Sears，Roebuck and Company（西尔斯罗巴克公司）则有三个。然后，CRC 对累积返回的产品进行处理。通常，CRC 将根据零售商和制造商制订的指南来决定适当的产品处理方式。

其中重要的活动之一是分类。在这一步骤中，员工会决定是否可以转售产品或是否必须报废产品。显然，确定最佳的产品处置渠道对于最大化逆向物流渠道中的产品收益至关重要。

根据研究访谈，CRC 是逆向物流管理战略的重要组成部分，通常，它们与信息系统的改进相关。要运行 CRC，公司必须拥有某种逆向物流系统。绝大部分研究受访者都说，CRC 对利润产生了积极影响。在一个案例中，一家大公司表示，实施 CRC，实施资产追回计划以及改善其逆向物流信息系统的组合使公司的收益率提高了 25% 。

CRC 网络为大型零售商处理的产品数量可能非常庞大。该研究中的一家零售商在 1997 财年通过其 CRC 的网络处理了超过 8 亿美元的产品。

CRC 还简化了店内流程。由于多种原因，通常很难在整个连锁商店中获得一致的处置决策。客户服务台的员工可能没有经过适当的培训，他们可能是新来的，或者不是非常关心退货。

2.4.1　一致性

将退货寄回 CRC 会促使对产品处置做出更一致的决定。因为流程是标准化的，所以更容易识别和避免错误。随着企业转向集中式处理模式，退货处理的质量通常会提高。

2.4.2　空间利用

零售商店通常在商店中用于退货的空间非常有限，因为其希望分配尽可能多的空间用于销售，他们不想花太多空间来保存非销售退货。

2.4.3　节省劳动力

通过集中化退货处理，零售商将完成退货处理所需的劳动力降至最少。与数名客户服务台员工的共同努力相比，在 CRC 训练有素的员工通常可以在更短的时间内完成更多工作。

2.4.4　交通费用

这项研究中的许多企业还发现，由于集中处理，与逆向物流相关的运输成本下降了。使用 CRC 模型，零售商和制造商可以利用“收奶车的方式”（循环取货*）来提取退货。这样，企业可以使用更多的托盘和更少的箱子，增加整合度，降低货运成本。

---

* 循环取货：物流中一种常用的配送模式。承运商携带需从客户返回给供应商的货物出发，依次到达每个供应商，将返还给供应商的货物卸下并装载上需从供应商处收集的货物回到客户处。

完全集中式系统的缺点是，因为所有产品必须从零售地点运输到集中处理场，所以处理和运输成本会增加。

但是，实施 CRC 相关的成本节约了，减少了处理时间以及增加收益，远远超过了报废产品所产生的运输成本。在许多情况下，将被丢弃的产品不会在零售商店中进行处理。

2.4.5 改善客户服务

从制造商的角度来看，CRC 可以改善客户服务。它可以加快对账过程，改善退货授权（Return Material Authorization，RMA）验证，并且可以作为开发重要管理信息的一部分。由于退货集中处理，制造商可以更轻松地了解退货的趋势。同样，良好的逆向物流管理可以成为保持客户忠诚度的营销策略。快速的退货处理并给予客户信任有助于建立客户忠诚。一些企业认为，他们的退货管理流程为他们带来了取悦客户的绝佳机会。

建立 CRC 是企业承诺将退货管理纳入整体企业战略计划的标志。这意味着，诸如 CRC 经理之类的人有责任确保正确处理退货。

2.4.6 节约处理时间

一些参与建立 CRC 研究的企业发现，他们的处置周期缩短了。

集中的退货中心往往会加快逆向物流流程。在实施 CRC 之前，零售商将积累商店退货，并以不频繁、无组织的大批量形式将其退还给制造商。由于退货通常不是商店或配送中心的首要任务，因此退货会大量堆积。这种效率低下的处理将导致产品价值损失，因为退回的产品需要长时间存放并且经常被损坏。零售商从制造商或分销商那里获得的退款要少于其原始购买价格。尤其对于个人计算机等产品，这种情况是灾难性的，因为产品闲置每天都会使其失去价值。

研究中的一家零售商使用了更快的处理方式和系统链接，这些链接是 CRC 网络的一部分，可帮助企业管理从一个季度到下一个季度的库存。从会计角度来看，该企业将库存转移回供应商，削减了资金的占用。

2.4.7　利润影响

退货对那些使用外包 CRC 的企业利润率的影响要比那些不使用外包 CRC 企业的低。如表 2－4 所示，使用内部 CRC 的企业发现逆向物流成本使利润减少了 4.8%，而使用第三方管理 CRC 的企业利润减少了 3.7%。

表 2－4　　对盈利能力的影响

活动	内部	外包
集中退货中心	4.8%	3.7%

2.4.8　质量问题的可见性

与 CRC 相关的优势之一，是产品从多个零售店流入，使其变得更容易看到质量问题。运营 CRC 的几家企业告诉研究小组，如果企业在守门方面做得很好，并且拥有可以将退货与供应商文件进行匹配的系统，则该企业可以更快地查看有问题的产品和供应商，然后，就可以提高产品质量并减少退货量。

这方面的一个例子是一家大型零售商有关除湿机的退货经历，这些除湿机莫名其妙地开始大量到达他们的 CRC。

CRC 团队致电买方，然后买方又致电制造商。制造商派遣工程师检查该问题，最后发现一个融化的塑料衬里，导致产品损坏。由于 CRC 有效地信息管理，问题得以及时解决，否则该问题可能导致供应链中所有环节的费用大大增加。

通过跟踪数百个退货授权，企业可以构建包含退货原因的数据仓库。如果产品存在质量问题，集中退货将比那些零售客户服务台缓慢的退货能更快地突出存在的质量缺陷。一家电子公司发现个人 CD 播放器的退货率很高，原因是携带这些便携式 CD 播放机慢跑时会卡顿。退货被发送到 CRC 进行处理，积累了大量此类 CD 播放器的管理信息，这为该公司提供了重要的反馈并使其能够及时解决问题。

在另一个例子中，一家面包机制造公司的一种面包机退货率很高。问题在于盒子上的照片显示出一块完美成形的面包。然而，面包机实际上成型的是一个看起来像球的面包。制造商查看了从大量退货中获得的管理信息后，才了解实际问题。

在电子行业或其他生产和销售“高智慧产品”的行业中，大量退货并不是真正的缺陷。高智慧产品要求用户做更多的事情，而不仅仅是将其拆开、玩耍或打开，通常需要专业知识才能正常操作的产品会遭到大量退货。实际起作用的是“无缺陷的有缺陷的”产品。它们确实没有任何问题，但是消费者无法弄清楚如何使它们正常工作。通过利用 CRC 大量查看退货原因，制造商和零售商可以共同努力以改进产品使用方法，从而促进产品销售。

2.4.9 正向和逆向

大量接受采访的企业认为，配送中心在前进和后退方面都无法很好地运作。尽管起初这种想法在研究团队看来并不合逻辑，但许多试图有效处理正向和反向供应链流程的配送中心都遇到了困难。与实际能力相比，问题可能更多地集中在关注重心上。如果配送中心经理必须在有效执行正向物流与反向物流之间做出选择，则配送中心经理将专注于正向配送。在任何情况下，正向分销管理都是将新产品流作为分销中心的头等大事。

一些研究受访者表示，当一个配送中心同时处理正向和反向运输时，处理周期会受到负面影响。配送中心的入库码头和卸货空间是有限的，退货的产品往往会处理不当，并且通常会推迟。

利用配送中心正向和逆向工作的问题是几家企业寻求专家的原因之一。对于高管们来说，很难证明建造和配置专门用于处理退货的库房及人员费用是划算的。

通过仔细隔离产品流和员工流，研究中的某些企业能够在同一设施中同时执行正向和逆向物流操作。这种分离使逆向物流员工能够专注于回流，而不会因正向分销活动而分心。

2.4.10　会计问题

在一个好的 CRC 中，信息系统与会计系统和其他系统交互。从理论上讲，商店应该能够做到这一点，但是遗憾的是，大多数商店都做不到。在大多数情况下，零售商希望执行正常零售过程中的任务。CRC 帮助零售商，使其能够更快地作出有关退货产品的处置决策。

总而言之，表 2－5 列出了集中式退货中心带来的典型收益。

表 2-5 集中式退货中心带来的典型收益

- 简化商店流程
- 改善供应商关系
- 更好地控制退货库存
- 改善库存周转率
- 降低行政成本
- 降低储存成本
- 减少退货价值缩水
- 使零售商重新专注于核心竞争力
- 减少垃圾填埋
- 改善管理信息

2.5 零退货

在零退货计划中，制造商或分销商不允许产品通过退货渠道退货。相反，他们向零售商或其他下游实体提供退货补贴，并制订可接受的产品处置规则和准则。在许多行业中，典型的退货补贴为零售商销售收入的3.5%~4%。

根据研究受访者的说法，正确执行零退货政策可以大大降低成本。通过预设退货产品的最大金额，使用零退货的企业可以减少退货成本的可变性。使用零退货计划稳定收益率可促进计划制订和财政状况。

零退货使企业能够完全避免接受退货，这是一些消费品公司和一些电子公司所采用的策略。

有趣的是，大多数零售商不跟踪退货成本。相反，商品购买者将退货津贴计入其定价中，而忽略了退货成本。

零退货使上游渠道参与者无法处理逆向物流管理的实际部分，但并不能减轻下游渠道参与者大量的实际负担。

迄今为止，据报道零退货计划的结果好坏参半。在一家大型消费品公司，零退货似乎减少了与退货相关的处理成本。但是，该公司指定为废品的许多产品却出现在其他渠道中，例如，“1 美元”商店和跳蚤市场。

2.5.1 零退货如何运作

在典型的零退货计划中，供应商告诉其客户，一旦订购，将不接受任何产品退货。取而代之的是，供应商将为客户提供发票金额的折扣。在此情况下，零售商要么销毁产品，要么以其他方式处置产品。

另一种模式在计算机行业中应用，零售商将所有产品退还至公开退货授权中心（Return Material Authorization，RMA）。可用产品被付费并运送到第三方进行翻新和处置。不合格或不可用的产品则根据一组预定义的规则处理。在此模式中，零售商的目标是吸引尽可能多的制造商参与，以实现集中式接收、审核和付款处理。从计算机制造商的角度来看，渠道中的所有产品都将退还给翻新的第三方。该产品由独立实体审核，以确定其可用性和零售商的信用资格。RMA 流程的所有方面以及退回产品的处置均由第三方处理。

在这种模式中，不合格的产品变得无意义，因为第三方解决了零售商和制造商之间的索赔问题。对于零售商而言，结果可能是更快的对账和付款，更简化、轻松的退货处理，并且价格更低廉，减少了等待退回供应商的库存。对于制造商而言，此模式可能会导致更快的恢复过程，更好的 RMA 管理以及对销售新产品的重新关注，这是他们的主要目标。

2.5.2 2%和6%问题

零退货计划的一个明显问题是“2%和6%”的问题。由于大型零售商在渠道中具有巨大的力量，因此制造商很难确定适当的退货津贴并坚持下去。例如，如果制造商将产品出售给 Kmart，并设置了 6% 的回报上限，那么制造商的产品的退货率不超过 6%，Kmart 将同意该上限。实际上，Kmart 可能会非常高兴地看到，在获得 6% 退货率收益的同时，其实际退货率仅为 2%。

但是，如果制造商设置了 2% 的回报上限，而实际回报率为 6%，那么 Kmart 不太可能同意制造商设置的退货上限百分比。相反，零售商会坚持要求制造商承担全部 6% 的退货。由于大型零售商的力量，大多数制造商无权争论退货的上限百分比。加上制造商无法真正控制产品的处置，这意味着零售商从零退货计划中获得的风险比制造商要小。有效的零回报计划要求买卖双方都真正了解其实际成本。

2.6 再制造和翻新

Thierry 等（1995）对再制造和翻新进行了五项分类，分别是维修、翻新、再制造、零件拆用和材料回收再利用。前三类：维修、翻新和再制造，涉及产品翻新和升级。这些选择在改进程度方面有所不同。维修涉及的产品升级工作量最少，而再制造涉及的工作量最大。

零件拆用只是从旧产品中回收一套有限的可重复使用的零件。材料回收再利用是对一个产品或子部件中材料的重复使用。

对二手产品的再制造和翻新数量也在增加。甚至美国国家航空航天局（NASA）的航天器都在使用再制造和翻新的工具。NASA 的主要分包商利用再制造的机床生产用于航天器的复杂球形部件。选择再制造而不是购买新设备，目的是节约成本。再制造比购买新机器具有许多优势。在此特定示例中，成本节省范围为40%~60%。

Sun Micro systems（太阳计算机系统有限公司）在全球范围内进行再制造和翻新零件。在亚洲和拉丁美洲，Sun都带回了被指定为现场可更换部件的备件。这些零件在美国或在拉丁美洲和亚洲的本地维修，具体取决于零件的价值和零件的翻新难度。然后将这些零件重新库存，以在中央分销点或远程库存地点中重复使用。备用件可能位于佛罗里达州的迈阿密、拉丁美洲或新加坡，而其他远程库存地点则位于亚洲，然后将零件重新用于维修。在维修时，它们被提升到当前的“修订”级别，并进行翻新。

惠普还使用再制造零件作为维修零件。他们能够接收产生故障的零件和组件，对其进行重新制造和翻新，然后将其用作整个服务网络的主要材料。他们可以重复使用宝贵的资源，并减少与维修计算机和其他复杂机械有关的成本。

2.7 资产回收

资产回收是对退货、剩余、陈旧、报废的废物和多余材料产品以及其他资产的分类和处置，其方式是最大限度地提高所有者的收益，同时将与处置相关的成本和负债降至最低。此定义类似于投资回收协会对投资回收的定义。资产回收的目的是尽可能合理地回收尽可能多的经济（和生态）价值，从而减少废物的最终数量。

资产回收已成为许多企业的重要业务活动。资产回收对企业盈利能力的重要性取决于该企业从二手产品中回收尽可能多的经济价值的能力，同时最大限度地减少诸如环境问题等负面影响。

许多企业对二手产品的态度一直是忽略它们，并避免在最初出售它们之后再次对它们进行交易。通常，美国制造商对客户使用后的产品不承担任何责任。大多数产品旨在最大限度地减少材料、组装和分销成本，并忽略维修、重复使用和处置要求。制造商通常认为符合这些要求的成本将超过收益。

资产回收过程中的产品市场将在第 3 章的二级市场中讨论。研究发现，国内外二级市场都在迅速增长。

资产回收过程可以包括使退回的产品损毁。产品进入二级市场时，许多零售商和制造商确实希望其品牌能够被识别。但损毁可能包括删除制造商的名称或剥离价格标签。

专门从旧产品中回收价值的企业可以从许多不同的潜在来源获得大量的产品供应。物料进入逆向物流流程有几种不同的原因。欧洲常见的一种回流类型是法律要求制造商回收二手产品；来自租赁或租赁协议的产品构成了另一个供应来源；有缺陷或存在质量问题的产品是退回产品的另一个来源。这类退货的数量可能取决于产品保修和服务合同，预测不良产品的回流通常很困难。故障或质量缺陷率可能取决于产品类型。例如，电子产品往往会在使用寿命早期失效，而机械部件会随着使用时间的增长而失效。

2.8 谈判

交易是逆向物流流程的关键部分。在商品的正向流动中，价格通常由品牌经理和营销专家来确定。逆向物流通常包括讨价还价阶段，在此阶段，退货物料的价值无需定价指导原则即可进行谈判。这些谈判可能会松懈地进行。另外，一个或多个谈判合作伙伴通常不能完全理解退回物料的真实价值，从而为第三方创造了获取边际利润的机会。这些第三方通常雇佣一些精明的物流专家。一位高管告诉研究小组："如果您想与一位出色的谈判代表会面，请先与处理废纸的人谈谈。"

有时，谈判由专业的第三方进行。这些第三方以咨询人员身份为供应链中的主要参与者提供咨询服务，这些参与者正在努力将物料的所有权转让给上游来源。

而且，第三方可以管理物料的物理处理过程。GENCO 公司就是这样的例子。通常，同一第三方不为零售商和上游制造商处理产品的价值协商和物理处理。此规则也有例外，但通常零售商和制造商都希望不同的第三方代表他们采取行动，以消除潜在的利益冲突。

2.9 财务管理

财务管理问题是逆向物流系统结构的主要决定因素，也是产品配置的方式。大多数公司需要改进内部会计流程，因为会计问题会驱动经理的一些行动。在本研究中的一些公司，会计问题会驱使商店经理回避正常的退货系统。在这些情况下，内部策略和控制将它们转移到效率低下的错误行为上。

本研究中出现了一个政策引发问题的例子。由于存货过多或因为卖不掉而退给供应商的商品被指定通过 CRC 进行处理。但是，内部会计对通过 CRC 流动的那些物料会进行减价，零售商店要承担这部分损失。当 CRC 处理物料时，会计才会销账。零售商店不希望承担损失，因此它们会减慢流回供应商的流程，以尽可能长地推迟负面财务影响。这种延迟会导致应处置的物料在商店大量积压。另外，集中处理也增加了运输成本。

通常，退货成本由销售部门承担。尽管此政策通常可能是合理的，但它会使逆向物流流程变得复杂。如果销售人员因退货而受到处罚，他们将竭尽全力减慢或破坏对退货的快速识别和对退回物料的快速处置。开发良好的逆向物流管理系统时，与退款和退货的底线责任有关的问题必须成为关键考虑因素。如前所述，成功实现逆向物流的最大障碍是公司政策。通常，造成困难的公司政策与会计问题有关。

当考虑到交易和促销时，挑选出要向供应商付款的内容可能是一个挑战。退货一般是对账应收账款中的首要问题。通常这些问题很难管理，因此第三方已开始专门处理会计和对账问题。

2.10 逆向物流外包

许多企业会将大部分或全部物流活动外包。其中的一些正在将其外包扩展到逆向产品流，包括许多参与我们研究的企业。这些企业将其逆向物流外包供应商作为参照物，以帮助自身确定应执行什么措施和如何进行逆向活动，以及这些活动应花费多少。这些外包供应商通常会更好地执行逆向物流活动，而他们的客户发现使用这些服务公司会减少自己进行管理的麻烦。这些外包供应商已成为管理逆向物流和执行关键增值服务（如再制造和翻新）的专家。

3 处置和二级市场

3.1 逆向物流流程概述

本章研究产品处置选项和二级市场。一旦对产品进行处理，就要决定将产品发送到哪里，例如，退还给供应商、送往垃圾填埋场或二级市场。

产品进入逆向物流流程有多种原因，如表3-1所示。当然，还有更多原因会导致产品进入逆向物流流程，但以下这些是较常见的原因。

表3-1 退货原因

资源	原因
客户	1. 产品不符合客户需求 2. 客户不了解如何正确使用产品 3. 产品有缺陷 4. 客户滥用自由退货政策
零售商	1. 产品包装过时 2. 季节性产品过季 3. 产品已替换为新版本 4. 产品停产 5. 零售商库存太多（营销退货或销售进度缓慢） 6. 零售商倒闭

通常，两种相同的产品会沿着不同的路线到达不同的目的地，这取决于它们在分销渠道中进入逆向物流流程的位置。例如，客户退还给商店的书，可能不会与商店退还给供应商的书（由于存货过多）位于同一地点。

当产品被新版本替代时，零售商可能会继续销售旧版本，直到它卖完为止。该产品可能永远不会进入二级市场。如果产品确实进入了逆向物流渠道，企业可以将其以相对较高的价格出售给清算人（按照清算人的标准）。当新产品相对于已经流行的产品进行了微小的、渐进的改进时尤其如此。如果产品变化更为重大，则制造商可能会向零售商提供更大的激励措施，以出售剩余的旧产品。进行重大产品修改后，零售商可能会将旧产品下架，然后发送到二级市场。

当产品由于销量下降而停产时，即使价格大大降低，企业也很可能难以找到产品的购买者。零售商可以尝试处置库存，正常情况下通过典型的零售渠道可能很难，但二级市场的产品价格可能会大大降低。

3.2　退货产品类型

逆向物流流程中的零售产品可以分为以下几类。

- 下架产品：零售商决定不再提供的优质产品；
- 买断或“举升”产品：一个制造商从零售商那里购买竞争对手的产品；
- 过季产品：季节性商品，假日商品；
- 剩余产品：积压，过量，营销退货，滞销商品；
- 瑕疵品：有缺陷的产品；

- 无瑕疵次品：被错误认为是有缺陷的产品；
- 残值产品：被损坏的产品；
- 退货产品：被客户退货的产品。

3.2.1 下架产品

在逆向物流中，下架产品是零售商从其产品组合中停止提供的优质产品。在这种情况下，零售商可能已决定停止在特定产品线中出售某些供应商的产品。当企业确定不再销售特定商品或产品线时，它会联系许多外部企业，要求从其商店中下架所有的特定产品。

3.2.2 买断或“举升”产品

买断指一个制造商买断零售商手中竞争对手全部产品的情况。这种购买可以释放货架空间，以便制造商可以将其产品放置在竞争对手产品以前的位置，这也降低了零售商的风险。零售商可以处置流通缓慢的商品，并用更畅销的商品来替代，而不会在过渡期间产生任何成本。

3.2.3 过季产品

过季指待售商品已经到了正常销售季节的尽头。某些产品（如泳衣和雪铲）仅在一年中的特定时间流行。当产品销售到末期时，企业要么必须打折出售它，要么试图通过其逆向物流系统回收部分价值。与下架产品不同，零售商更可能与生产该过季产品的企业保持长期关系。当不同的产品在其销售旺季结束时，零售商可能会将产品发送给相同的企业。

3.2.4 剩余产品

剩余是将企业多余的优质产品继续销售。该企业可能高估了需求，并下了太多订单。

狂热的制造商也会生产多余的产品，这可能是由于预测不准确，或者是由于生产限制要求的最低生产数量大于需求。

对于分销商而言，市场退货可能也是多余产品的重要来源之一。分销商或卖方可能会进行特殊促销，这会激励零售商购买比平常数量更多的订单。如果零售商无法卖掉这么多产品，则分销商的退货可能会大大增加。

3.2.5 瑕疵品

零售商或客户发现商品确实存在缺陷。在许多情况下，他们会通知制造商商品有缺陷，制造商将以支票或信用证的形式向零售商进行赔偿。

3.2.6 无瑕疵次品

有时，当产品实际上没有缺陷时，客户也会声称产品有缺陷以便退货。但是，通常直到产品到达退货处理中心才被发现没有缺陷。

无瑕疵次品通常是由于客户购买了某产品，并在没读懂说明书的情况下尝试使用而造成的。然后，客户得出该产品是有缺陷的结论。实际上，如果按照说明进行操作，则该产品可以正常使用。

3.2.7 残值产品

残值指产品已被使用或损坏，不能再作为新产品出售。

由于已被使用或损坏，残值产品丢失了价值。残值管理最困难的部分是如何确定残值产品的剩余价值。

3.2.8 退货产品

退货产品是客户打开并使用过或未使用过的产品。客户退货通常与残值或剩余产品进行类似的处理。即使退货没有缺陷，通常也不能以一等品的价格出售。

3.3 产品处置

逆向物流系统中的产品主要通过以下七个渠道之一进行处置：

- 返给供货商；
- 当作新品出售；
- 通过直销店或折扣商店出售；
- 卖给二级市场；
- 捐赠给慈善机构；
- 再制造或翻新；
- 材料回收、再循环或垃圾填埋。

根据产品的情况，与供货商的合同以及对产品的需求，企业可以为每一种产品选择以上的一项或几项处置渠道。

3.3.1 返给供货商

由于产品缺陷、市场退货，过时或库存积压，零售商会将产品退还给供货商。当供货商激励零售商订购比往年更大的数量时，就会发生市场退货，并且事实证明零售商无法出售额外的产品，他们需要能够退货。

当供应商有动机帮助零售商避免库存过时时，他们也允许退货。例如，在汽车工业中，大型汽车公司允许其经销商每年返还有限数量的库存。这使经销商可以从库存中移除过时的产品，从而释放空间和资金来购买更多的新产品，并使经销商可以更好地为客户服务。

通过寄售或类似方式出售产品也可能导致对供应商进行退货。在寄售中，零售商不拥有产品的所有权。如果产品卖不掉，制造商通常负责移除产品。寄售库存不可能进入零售商的逆向物流渠道。

如果客户退回有缺陷的产品，而制造商向零售商赔偿，则制造商可以指定零售商必须退回产品。在索回产品时，制造商可能有两个动机。一方面，制造商可能希望了解产品缺陷的确切状况以确定其原因，并在将来消除缺陷。另一方面，制造商可能希望评估无瑕疵次品的数量。通过检查每个项目，制造商收集有助于确定其他处置选项的管理信息。视产品情况，制造商可能会重新包装和重新销售此产品。

制造商希望退货的第二个原因是防止商品进入另一个处置渠道并破坏需求。为了保护品牌，制造商可能希望有缺陷的产品不会二次出售给一无所知的客户。另外，为了保护品牌形象，制造商可能不希望在某些零售店（如廉价商店或跳蚤市场）中看到该产品。

但是，在某些情况下，制造商将向零售商赔偿有缺陷的产品，而不要求退还产品。根据制造商的不同要求，零售商可能需要销毁产品，或者可以自由地通过直销店或二级市场等渠道出售产品。如果零售商决定利用二级市场，制造商可能会要求其删除产品上所有识别标记和标签。

3.3.2　当作新品出售

如果退回的产品未使用且未打开，则零售商可以将其退回零售商店并作为新产品转售。该产品可能需要重新包装。在某些行业中，例如，汽车零部件，企业每年在重新包装上花费大量资金，因此消费者将很难检测该产品是否是转售的。

在某些行业中，存在法律或其他方面的限制，即一旦客户退还产品，就不能将其作为新产品转售。例如，在建筑材料市场中，出售已被安装过的开关是非法的*。因此，如果客户退回了似乎已安装过的开关，即使尚未使用，零售商也无法将其重新销售。

即使没有发生违法违规行为，企业也将迅速采取行动，制止任何因指控出售二手产品作为新产品而引起的负面消息。

3.3.3　通过直销店或折扣商店出售

如果产品已退货，或者零售商的库存过多，则可以通过直销店出售。在服装行业，由于客户不会接受退货作为新货，因此直销店是零售商的唯一销售渠道。通常，企业有大量的过季商品，这些商品将不再在零售商的商店中销售。但是，在直销店中，客户会寻找甚至可能会等待购买过季商品。

通过直销店销售与其他处置方式相比具有许多优势。企业使用他们的直销店系统来保持对产品的控制，并知道产品将在哪里出售。对于许多企业而言，保护其声誉和市场定位的能力至关重要。但是，直销店的销售也面临更多的风险和费用。

---

* 此情况指在美国。

自1988年以来，美国的直销商店和直销中心的数量增加了三倍。1998年，保守估计有5500万美国人往返至少200英里去工厂直销店购物。

许多制造商最初开设直销店来出售积压的商品、退货或工厂的二等品。这些商店被证明是能以较低的价格出售产品并获利的。它们的成功使企业在全国开设了直销店。Van Heusen（凡·豪森）的直销店数量超过700多家，比其他大部分同类型的企业都多。

当然，这种增长也带来了一些无法预料的后果。通常，主要零售渠道的积压库存和任何可用的二等品商品不足以使这些商店全年保持充足的库存。结果导致许多企业现在专门为直销市场生产商品。这些商品是针对直销店的价格的，因此提供的花色品种较少，或在某种程度上与“A”渠道商品有所区别，以便同时仍提供该品牌众所周知的优质产品。

与产品出售给零售商相比，制造商和其他品牌所有者经营的直销店通常可以提供更高的利润。除了消化退货，直销店已成为重要的利润来源。

3.3.4　卖给二级市场

当一家企业无法销售产品，也无法将其退还给卖方或在直销店出售产品时，其最终选择之一就是通过二级市场出售产品。二级市场由专门销售清仓产品、剩余和残值产品的公司组成，价格低至1美元甚至10美分。对于零售商品，平均回收率约为零售数量的17%。二级市场公司通过自己的商店或其他降价零售商（如1美元商店）出售产品。

3.3.5　捐赠给慈善机构

如果产品仍可使用，可能只有轻微的外观瑕疵，则零售商或供应商可能会决定将该产品捐赠给慈善机构。在这种情况下，零售商通常不会收到该产品的任何款项。但是，它可以为捐赠者获得税收优惠，并因此获得一定的其他价值，同时为企业树立一个良好的形象。

3.3.6 再制造或翻新

许多企业在确定产品失去了所有价值并送去再循环利用之前，会尝试进行翻新或再制造。企业在此领域的选择范围差异很大，具体取决于产品的类型及其进入企业逆向物流流程的原因。许多消费类产品无法再制造，一旦使用过，将无法进行任何翻新或赋予其价值，吸引其他消费者来购买。

其他物品，例如电子产品，也可以进行翻新。如果客户因无法使用将传真机退还给零售商，则零售商会将传真机发回给制造商或专门进行翻新的第三方。在这种情况下，机器的转售价非常低。制造商将发现问题并维修机器，而不是尝试在这种情况下出售机器。在这一点上，制造商可以对机器执行以下两项操作之一：可以将其发送到二级市场公司，该公司将机器以“翻新”或“再制造”的方式出售；或者可以通过直销店出售机器。

通常，有缺陷的机器会发送到制造商的服务网络。如果客户拥有需要维修的产品，则可以将产品发送给制造商进行维修。制造商可以为客户提供两种选择：客户可以在制造商维修产品时等待，或者制造商将立即发送另一台机器。在第二种选择下，客户不会取回原始机器。

3.3.7 材料回收、再循环或垃圾填埋

当某种原因导致企业无法将产品出售给二级市场并且无

法将产品捐赠时，最终的选择就是无害化处置。与往常一样，企业的目标是从该产品中获得最高价值，或以最低的成本处置产品。一些产品，例如，催化转化器和印刷电路板，包含少量可回收的贵重材料，如金或铂。这样的回收有助于抵消处置该物品的成本。其他物品可能由对废钢经销商有价值的材料组成，例如，钢和铁。当材料对其他企业没有价值时，生产企业可能会研究使用该产品的方法，以避免将其送到垃圾填埋场。一个很好的例子是由运动鞋制成的户外跑道。

如上所述，一些供应商要求零售商处置有缺陷的产品。在这种情况下，零售商别无选择，只能遵循供应商的要求，将产品发送到垃圾填埋场或焚化炉。例如，一些运动卡制造商积累了一年或一年以上的运动卡库存。对于卡片收集者，较旧的卡更有价值，在某些情况下，一两年或更旧的卡可能价值数千美元。但是，供应商可能会指示分销商销毁旧卡，在这种情况下，分销商将在安全保卫的陪同下将这些贵重的卡片成盒地丢到垃圾填埋场。

3.4 物料流

在任何逆向物流流程中，一个关键目标是根据供应商施加的任何法律限制或约束，为产品获得尽可能高的价值。为此，每个逆向物流系统必须包含以下步骤。

- 守门：确定允许哪些产品进入逆向物流系统；
- 集合：将需要处置的产品集合起来送入逆向物流系统；
- 分类：确定如何处理每种产品；

- 处置：将产品发送到目的地。

逆向物流系统可以使用多种模式，但是大多数模式都介于以下两个端点之间：集中式和分散式。在分散式系统中，有关产品处置的所有决定均在零售地点做出，避免一些运输成本，因为在做出处置决定之前，产品不会全部带到 CRC。但是与此同时，可能会增加处置的总运输成本，因为所有发往特定二级市场公司的产品都分散在企业的商店网络中，零售商必须直接或间接地收集产品。

分散系统的更大缺点是，该企业可能会从二级市场公司获得较少的收入，这有两个原因。首先，每个地点的给定商品数量将少得多，而数量较少不会在二级市场上带来最高价格。其次，负责特定商店分拣的人员可能没有对特定物品积累足够的经验，不能以最有效的方式处置物品，这意味着逆向物流带给零售商的收益较低。

如第 2 章所述，在 CRC 中，逆向物流的所有产品都被带到中央设施中进行分类，然后发送到最终目的地。这种方法为客户创造了最大的交易量，从而带来了更高的收入。员工在特定领域积累了专业知识，可以快速准确地为每种产品找到最佳目的地。

逆向物流系统中重要的活动之一就是分类。显然，确定最佳的产品处置渠道对于最大限度地提高逆向物流系统中产品的收入至关重要。守门对于降低系统成本也很重要。通常，运输成本占整个处理成本的很大一部分。如果要扔掉产品，最好尽早，以免执行其他步骤并造成额外费用。例如，如果真空吸尘器已损坏且无法修复，则将其运输较远距离却最终将其丢弃是不划算的。在进入逆向物流系统的早期进行有效的守门，完全可以防止此类物品进入逆向物流系统，并且可以节省大量成本。

3.5 二级市场

二级市场是由清算人、批发商、出口商、经纪人和零售商组成的，这些出售者出于某种原因未通过主要销售渠道出售产品。二级市场中的公司同时出售新产品和旧产品。

二级市场通常将产品直接从制造商转移到二级市场公司。因此，了解二级市场需要涉及几个不属于典型零售逆向物流系统的领域。但是，由于二级市场在许多逆向物流系统的运作中起着很大的作用，因此，对二级市场的这些领域进行详细的讨论可以更好地理解逆向物流的总体运作。

图 3 – 1 显示了二级市场上的大多数企业。为了帮助弄清逆向物流活动与二级市场活动之间的区别，以粗虚线显示了逆向物流活动，并以细实线显示了二级市场活动。

制造商可能出于以下原因，导致产品直接从制造商进入二级市场：

- 包装变更
- 产品重新设计
- 订单取消
- 未达到销售预期

3.5.1 包装变更

包装变更占清仓商品的很大比例。由于过时的设计或产品尺寸的改变，包装可能会发生变化，对于日杂物品尤其如

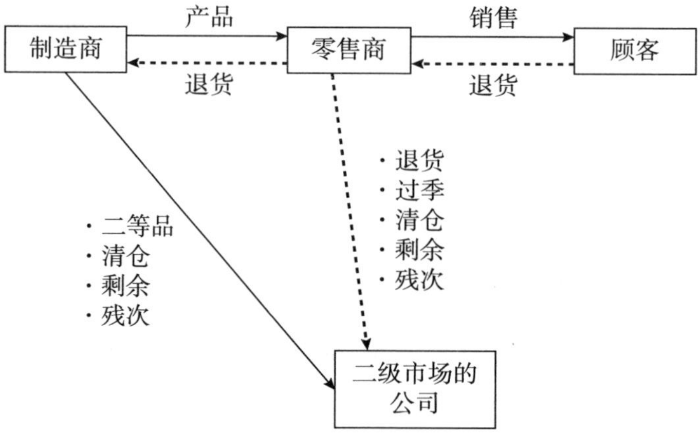

图 3－1 退货流和二级市场商品

此。客户可能已经习惯了产品的某一特定价格。制造商可以通过减少包装中产品的数量来保持价格不变，同时保持包装尺寸不变。

3.5.2 产品重新设计

为了引入新一代的产品可以清除旧产品库存。旧产品一直卖到售罄为止，可能永远不会进入二级市场。如果产品变化很大，则制造商可以给予零售商激励，以出售剩余的旧产品。重大修改可能会使零售商更有可能将旧产品从货架上移除并发送到二级市场。

当产品由于滞销而停产时，即使价格大大降低，也可能很难找到买家。如果将产品发送到二级市场，则零售商的预期价格可能会大大降低，此时再通过一般的零售渠道处置库存可能很困难。

3.5.3 订单取消

取消非常大的订单会导致库存过剩。例如，垃圾桶制造商制造了由主要零售商订购的大量产品。零售商如果取消订单，制造商剩下数千个多余的垃圾桶，那么制造商可能很愿意将未售出的产品出售给任何愿意支付足以收回制造成本的人。

3.5.4 未达到销售预期

最后，由于产品的销售预期过于乐观，制造商可能会发现自己有大量未售商品。与其持有大量可能要花费很长时间才能出售的库存，制造商可能更愿意立即以较低的价格将其全部出售。

3.6 二级市场公司

二级市场中越来越多的公司向零售商提供产品，这些零售商专门销售清仓、剩余、二等品和残次品。大家很早就知道跳蚤市场会出售此类产品，包括现在有越来越多的折扣或1美元商店。

二级市场由各种各样的公司组成。这些公司可以分为以下几类。

1. 平仓清算人

- 从退货中心、其他清算人，或直接从零售商店、制造商处获得商品；
- 产品类型：清仓货、剩余货、包装更改货、报废货；
- 处理库存，分类、合并、托盘包装；
- 产品通常留在美国。

2. 过季清算人

- 主要是一等品的季节性服装；
- 直接与主要零售商的公司采购部门进行谈判；
- 在商品仍在零售商店销售时进行谈判；
- 在季末或过渡期提前购买库存；
- 产品通常留在美国。

3. 经纪人

- 所有类型的产品（清仓货、过季货、残次品）；
- 为零售商寻找买家；
- 没有库存的实际所有权，仅仅提供服务；
- 产品极有可能运送至美国境外。

4. 保险理赔清算人

- 评估、抢救和恢复自然灾害造成的库存损失；
- 主要是抢救货物。

5. 易货公司

- 安排公司将一种产品的剩余部分交易为另一公司的另一种产品的剩余库存。

6. 灰色市场

- 非工厂授权经销商销售的新产品；
- 产品不附带工厂保修。

这些术语在行业中使用时可能会大量重叠，因此这些定义可能与它们的常用用法略有不同。

3.6.1　平仓清算人

平仓清算人卖的产品的货架期临近结束，将不再出售。产品可能不再以其原始价格获利，但以另一个价格它可能再次获利。可能由于以下原因而产生平仓：该产品是剩余性商品，例如，雪铲或烧烤工具；与视频游戏一样，引入了新的替代产品；该产品未能达到销售预期，例如，与电影主题相关的玩具。

许多平仓清算人直接与制造商合作，购买制造商的多余货物。常见的情况是，大型零售商取消了大笔订单，而制造商拥有的产品将无法出售给其他客户。平仓清算人以能够弥补制造商成本的价格获得产品。

主要制造商倾向于与大型清算人打交道，原因有两个：其付款能力和处理大量产品的能力。制造商需要知道清算人是否能够按承诺付款。此外，制造商希望能够与一位清算人进行一项特定的交易，而不是与多个清算人进行交易。大型清算人有足够的流动资金能够大量购买产品。如果由于某种原因，清算人无法直接出售整批产品，那么其可能会将部分产品出售给其他清算人。在任何此类销售中，清算人必须获得足够的回报，才能确保第二清算人不以较低的价格出售产品并盈利。

大型清算人提供了按制造商的意愿完成大型交易的可靠记录。在这个行业中，能够按承诺提供服务非常重要。如果制造商希望清算人能够处理整个交易，并承诺不将任何产品出售给第二清算人，那么这家清算公司将具有明显的优势。在二级市场上，信任是维持制造商与清算人之间关系的极为重要的因素。

清算人通常会在旺季结束时买断零售商或制造商的库存，并将其存储到第二年。对于季节性商品（如电热毯）和节日用品（如情人节贺卡）尤其如此。

清算人将在他们可以合理预期获利的任何市场中清算商品。通常，硬质商品似乎是最容易获利的商品。本研究中的大多数清算人都进行硬商品的交易。对普通清算人来说，最难管理的三种产品似乎是服装、玩具和电子产品。

服装由于尺寸各异，增加了其他产品所没有的复杂性。此外，与硬质商品相比，服装的样式变化趋势更快。加上服装销售的季节性特点，这使清算人难以在一年内购买产品并在第二年将其出售并盈利。

3.6.2　过季清算人

过季清算人类似于平仓清算人。他们通常与优质产品打交道，但主要处理季节性货品，而不是销售期已满的产品或制造商的积压货。过季清算人通常专门买卖服装和鞋子。他们倾向于比平仓清算人提供更专业的服务，还尝试发展产品专业知识并与零售企业建立长期合作关系。

此外，过季清算人通过唯一渠道来获取商品。通常，他们直接与主要零售商公司的购买部门进行谈判，而商品仍在零售商店中销售，这称为预售。最后，过季清算人通常会参与处理所有实际操作。

3.6.3　经纪人

经纪人处理因任何原因而达到其使用寿命的所有类型的产品（平仓、季节性、残次）。经纪人是愿意为其他人绝对不想购买的商品支付一点价格的第三方。通常经纪人不会与零售商达成协议，而是以固定价格购买零售商想要处理的产品，而不管产品的类型或条件如何。

经纪人通常不会自己处理产品，他们为一些外国商家寻找商品提供服务，这些商家可能将产品出口到南美、非洲或亚洲，以供在二级市场上出售。

在国际市场上就像在国内市场上一样，企业通常愿意出售他们可以盈利的任何产品。例如，国际公司不会将自己局限于高价值的产品。通常，他们对任何有利可图的运输和销售都感兴趣。

3.6.4 保险清算人

保险清算人专门从事因保险目的而被索赔的产品，例如，如果火车发生出轨事故，即使其中大部分货物可能完全不受影响，其仍可能被宣布完全丢失。

在这种情况下，托运人通常有两种选择：铁路公司可以全额赔偿托运人的损失；铁路将产品出售给二级市场公司，例如，保险清算人，后者购买火车上的物品并找到最合适的买家。如果托运人不希望产品在二级市场上出售，可以选择对货物收取部分赔偿，并取回货物。

3.6.5 易货公司

易货公司帮助企业处理多余的产品并获得期望的产品回报。一家易货公司由于过去的交易可能会收到大量的产品。企业向易货公司提供要脱手的库存，以换取易货公司库存中的另一种产品。

通常，易货公司愿意以其认为可能有利可图的任何产品进行交易。如果产品难以销售，则易货公司将不提供贸易补贴。一些易货公司更喜欢使用具有普遍价值的产品（如媒体广告时间或机票）作为一种交换货币。

一家企业可能会寻求易货公司的帮助，而其产品的实际价值大大低于账面价值。公司可能会选择以相等价值的媒体时间或所需的其他产品进行交易，而不是以货币或支票的形式。

3.6.6 灰色市场

灰色市场通常通过未经工厂授权的经销商在常规渠道之外销售新产品。当授权经销商需要筹集资金时，产品可以进入灰色市场，并悄悄向未经授权的公司出售新产品，以获取微薄利润。灰色公司的设备成本通常比授权公司低，因此仍然能够以较制造商建议零售价大幅折扣的价格出售产品。

由于灰色公司不是工厂授权的零售商，因此他们出售的产品不具有制造商的保修。灰市客户购买没有保修的全新正品产品。

3.7 二级市场的战略要素

二级市场参与者希望实现以下目标：

- 寻找可以买卖的优质商品；
- 高库存周转率；
- 最少的库存处理。

过去，清算商品是零售商脱手未按预期出售的过剩和过时产品的唯一途径。但时代变了，事实证明，有效的资产追回是大型零售商的战略工具。在竞争激烈的经济中，对新产品的持续需求很高，保持新鲜就意味着迅速抛售旧商品，并将新产品上架。例如，由于库存容易腐烂，杂货店必须以这种方式运行。时装行业的季节性服装销售期很短，对于零售商至关重要的一点是，要不断释放空间以展示更新的服装。为了与行业内其他企业保持竞争力，这是十分有必要的。

过去，企业发现将过时的商品倒入垃圾填埋场更容易。他们没有从过时的商品中获得任何经济利益。随着垃圾掩埋成本开始增加，企业发现需要重新考虑其做法并通过将产品运往二级市场来降低成本。将提取残值与产品处置相结合，通过此方式本研究中的一家大型零售商已节省了超过 600 万美元的垃圾填埋成本。

时间和成本效率是在二级市场上成功的关键。在大多数情况下，库存周转至关重要。一些企业有足够的资本以大幅度折扣购买季节性商品。然后，他们将其存储一年，并从商品中获得足够的利润以弥补产品的购买成本。

商品到达二级市场后，营销产品并使其更具吸引力并不重要。在大多数情况下，消费者会根据其品牌名称和功能了解这些产品。二级市场的零售商必须意识到，消费者正在从货架上的产品中寻找便宜货。

4 逆向物流与环境

许多企业都是因为环境问题，才开始关注逆向物流的。如今，有些人只关心逆向物流，因为它涉及将产品退还给供应商。但是在将来，环境因素将对许多物流决策产生更大的影响。

例如：

- 近年来，垃圾填埋场的成本持续上升，并且预计将继续上升；
- 由于环境法规的限制，许多产品不能再被填埋；
- 出于经济和环境方面的考虑，企业不得不使用更多可重复使用的包装、手提袋和其他材料；
- 出于环保目的的规章正迫使企业收回其包装材料；
- 许多生产者都被法律要求在使用寿命结束时收回其产品。

本章讨论的每种趋势都将对逆向物流决策者产生重大影响。

处置废弃产品正成为一项受到更密切监控的活动。在美国，将物品简单地放入垃圾填埋场的传统方法既没有以前那么简单，也没有那么便宜。随着美国市政垃圾填埋场数量的不断减少，以及影响垃圾填埋场的法规变得越来越严格，在垃圾填埋场放置物品的成本逐步上升。越来越多的限制要求采取更多的措施来保护人类健康和环境安全。这导致许多设施被关闭，其他设施的成本增高。监管日益严格的另一个领域是确定哪些物品可以放入垃圾填埋场。例如，诸如阴极射线管（CRT）之类的产品不能再放置在垃圾填埋场中。

整个欧洲和美国，正在考虑立法，规范如何处置已达到使用寿命的产品。在德国，新法律规定商品生产者必须对产品的最终处置承担责任。在美国的某些州也正在提出类似的措施。例如，许多州都要求汽车电池零售商回收用过的电池。在法律不强迫制造商收回产品的地方，不允许将产品运入垃圾填埋场。在某些情况下，这可能会迫使企业建立回收这些产品的系统。

逆向物流必须在与一个非常相关的主题（我们将其称为绿色物流）之间进行明确的区分。正如我们在第 1 章中定义的，逆向物流是指从商品消费地出发转移货物以获取价值而进行的所有努力。绿色物流或生态物流是指理解并最小化物流对生态的影响。绿色物流活动包括衡量特定运输方式对环境的影响、ISO 14000 认证、减少物流活动的能源消耗以及减少材料消耗。

一些绿色物流活动可以归类为逆向物流。例如，使用可重复使用的手提袋和再制造既是逆向物流问题，又是绿色物流问题。但是，仍然存在许多与逆向物流无关的绿色物流活动。例如，减少能源消耗，或设计一次性包装以减少包装需求，并不是逆向物流活动。设计使用较少塑料的产品不是逆向物流活动，但是设计使用可重复使用的包装将涉及逆向物流。

在本章中，我们将讨论与绿色物流和逆向物流都相关的几个问题。

4.1 垃圾填埋场的成本和可用性

4.1.1 垃圾填埋技术

自公元前五世纪的古希腊到现在，填埋一直是废物处置的重要方法，那时的人们负责将自己的垃圾运到城镇垃圾场。在罗马帝国时期，城市中的人们将垃圾铲入街道，然后由马车将其收集起来，并带到露天矿坑，集中堆埋。这些方法持续到罗马帝国结束。那时，垃圾通常被随意丢弃，而没有考虑其对人和环境的影响。1880 年所做的一项调查显示，美国主要城市中只有 43% 的城市进行垃圾的收集掩埋。到 1930 年，这一数字已上升到 100%。

1950 年之前，废物处置的主要方式仍然是将其掩埋在大坑中。这些废物有时会发生自燃，有时会人为进行燃烧以减少其体积。到 20 世纪 50 年代中期，人们已经认识到需要分析垃圾填埋场对地下水下降的影响。

在公共垃圾填埋场（也称为受控垃圾堆），垃圾被密封在由泥土或其他材料形成的单元中。现代垃圾填埋场的覆盖方式与过去不同。20 世纪 50 年代，人们已经认识到用一层土壤覆盖材料会降低其对动物的吸引力，并减少气味问题。通常，该土层不深，因此植物可以在其上生长。随着对垃圾填埋场对水质影响的研究持续进行，人们发现，雨水和其他水正在渗入垃圾填埋场，污染地下水。这种被污染的水称为渗滤液。为了减少水污染，现在将无孔材料的盖子放在垃圾填埋场的顶部，以减少渗滤液的产生。另外，将无孔材料衬里添加到垃圾填埋场的底部，以减少渗滤液的逸出量。在20世纪90年代的垃圾填埋场中，使用系统收集垃圾渗滤液底部的渗滤液，然后慢慢从无孔材料中渗出渗滤液。为了收集分解产生的甲烷和其他气体，还必须安装收集系统。

4.1.2 垃圾填埋场

多年来，人们一直认为将出现垃圾掩埋空间不足的现象。1988年，人们相信到1990年，美国东海岸将近一半的大城市将不再具有垃圾掩埋能力。尽管这一说法尚未得到证实，但垃圾掩埋场的数量确实在逐步减少。

1986年，环境保护局的固体废物办公室制订了一份城市固体废物填埋场（Municipal Solid Waste Landfills，MSWLF）清单。城市固体废物包括家庭废物和一些工业废物，例如，办公用纸和托盘。但没有包括可能在垃圾填埋场处置的建筑垃圾、车身和工业过程垃圾。这是第一次编制这样的清单。在此原始列表中，列出了7683个MSWLF。当清单在1992年更新时，垃圾填埋场的数量已减少到5345个。在1995年修订清单时，城市生活垃圾填埋场的数量降至3581个。但是，应该指出的是，在此期间，对封闭的垃圾填埋场进行适当掩盖的新法规开始生效，这一法规变更导致许多垃圾填埋场被关闭。

尽管垃圾填埋场的数量一直在大幅减少，但实际要解决的是填埋场的实际可用量以及持续时间问题。许多较小的垃圾掩埋场关闭了，因为它们无力承担遵守新法规的成本。根据美国环境保护局发布的《城市固体废物概况》手册，有29个州的垃圾填埋场剩余时间为10年或更久；有15个州的垃圾填埋场剩余时间为 5～10 年，而 6 个州的垃圾填埋场不到 5 年。

我们很难获得有关新垃圾填埋场创建速度的信息，但是对于是否存在垃圾填埋危机，美国环境保护局的回答很简短。尽管事实上，垃圾填埋场的数量一直在减少，但垃圾填埋场的容量仍保持“相对恒定……新的垃圾填埋场比过去大得多”。

4.1.3 垃圾填埋场的使用成本

随着人们对垃圾填埋场空间迅速消耗的认知，垃圾填埋场的使用价格也迅速增长。在工业中，用于比较垃圾填埋场成本的标准基础是倾倒费，倾倒费是处置一吨废物所收取的费用。

如上所述，事实并不能完全证明人们对垃圾填埋场空间正在迅速耗尽的看法。但是，就填埋成本而言这种趋势是非常现实的。根据美国环境保护局的数据，从 1985 年到 1996 年，美国的全国平均倾倒费从每吨 8 美元增加到 31.5 美元，增长了 294%，年均增长率为 9.4%。

自 1985 年以来，宾夕法尼亚州环境保护局收集了该州倾倒费的数据，显示出几乎相同的趋势。根据他们的数据，从 1985 年到 1996 年，宾夕法尼亚州的平均倾倒费增加了 300%，从每吨 11 美元增加到每吨 44 美元。

尽管全国范围内的价格和某些地区的价格显示出长期缓慢上升的趋势，但在某些地区，价格却在剧烈波动。在 1994 年宣布破产后，Orange County（橘子郡）试图通过将倾倒费从每吨 23 美元提高到每吨 35 美元的方式来增加收入。由于该地区的垃圾场容量过大，因此许多客户将他们的垃圾带到其他地方便宜的垃圾场。为了增加业务量，倾倒费随后降至每吨 19 美元。

由于倾倒费没有保持在项目盈亏平衡点之上，填埋成本的波动还导致大量新的生活垃圾出现。

4.1.4 垃圾产生

尽管没有马上出现垃圾将开始在街道上堆积的情况，但在不久的将来，垃圾填埋场和垃圾填埋场的使用将成为重要的问题。美国人正以惊人的速度产生垃圾，所以必须制定解决方案。

关于美国人产生垃圾的一些事实：

- 美国人每年使用 750 亿个一次性纸杯。
- 胡夫国王的埃及大金字塔由超过 300 万立方码* 的石头建造，中国的长城是用 120 倍于胡夫金字塔的材料建造的。纽约州史坦顿岛的 Fresh Kills 垃圾填埋场由纽约市卫生局运营，据估计，在不久的将来，垃圾填埋场的总量将超过中国长城的总量。
- 美国目前的垃圾产生率很高。美国人平均每天产生 4.34 磅** 垃圾。根据 1987 年的一项研究，当时美国每年产生的废物为 2.28 亿吨，足以覆盖 10 英尺深的区域 654 平方英里。
- 美国环境保护局预计，从 1995 年到 2000 年，美国每人每年的垃圾产生率将从每人每天 4.34 磅增加到 4.42 磅，年均增长 2%。但是，由于加大了回收工作的

---

* 一立方码约等于 0.756 立方米。

** 一磅约等于 0.45 千克。

力度，预计在此期间填埋的数量将减少，从每人每天2.47磅减少到2.38磅，减少了3.6%。

考虑到美国人生产垃圾的速度，必须开发垃圾填埋场的替代方案。

4.1.5 扩大垃圾填埋量

随着对垃圾填埋场的选址、建设和操作的法规日益严格，开设新的垃圾填埋场逐渐变得困难。居住在拟建的新填埋场所在地的人们之间的“NIMBY”（不在我家后院）情绪加剧了这一难题。此外，“NIMTOO”（“不在我的任期之内”）现象使问题更加严重。

随着创建新的垃圾填埋场变得越来越困难和昂贵，社区正在尝试寻找新方法，以延长现有垃圾填埋场的使用寿命。

运往填埋场的垃圾量似乎正在以比人口增长速度更快的速度减少。根据美国环保署的数据，1970年送往垃圾填埋场的垃圾吨数为8790万吨。1990年该数字增加到1.32亿吨，但到1995年下降到1.18亿吨。还有一些地区性迹象表明，送到填埋场的垃圾量正在减少。1990年，加利福尼亚的垃圾填埋场处理了4000万吨垃圾。1996年，这一数字已减少到3280万吨。

1970年，所有废物的73%被送到垃圾填埋场。到1995年，这一数字下降到57%。通过回收、堆肥和焚烧等方式增加了以其他方式处理的垃圾量，从而减少了运往垃圾填埋场的垃圾量。尽管在此期间，焚化的垃圾量一直稳定增长，但占比却从20%下降到16%。

垃圾填埋场和焚化量的减少是被回收或堆肥的垃圾百分

比大幅增加的结果。1970 年，只有不到 7% 的废物被回收或堆肥；1995 年，有 27% 的固体废物被回收或堆肥。其中，美国约有 5% 的垃圾是堆肥的，约 22% 的垃圾被回收了。

4.1.6 填埋场限制

垃圾填埋场的限制是美国垃圾填埋场能够延长使用的关键因素。某些物品（如 CRT）禁止堆填，可以避免带来长期的健康风险。其他禁埋废物，是因为它们占用了太多的空间并且可以使用其他方法更好地进行处理。

截至 1993 年，有 44 个州禁止将电话簿填埋在垃圾填埋场中，而 23 个州的法律禁止在垃圾填埋场中填埋修剪的草屑和庭院废物。这些被禁止填埋的物品中可以通过其他方式更有效地处理，电话簿可以回收，园艺垃圾可以用于堆肥。负责收集废物的机构已经建立了额外的系统来收集可以进行再循环的垃圾。

4.1.7 处置禁令和逆向物流

在许多地方，有害物质的定义正在扩展。例如，在明尼苏达州，已经裁定不能在垃圾掩埋场中放置汽车减震器和支柱。对于汽车减震器和支柱，这一新的限制带来了新的机遇。一家主要的汽车减震器和支柱制造商已开始实施一项计划，收集用过的减震器和支柱并回收其中所含的材料。在垃圾掩埋禁令的推动下，制造商开始研究收集用过的减震器和支柱的可行性。研究开始后，该公司迅速得出结论，用于制造减震器和支柱的某些特种钢存在巨大的市场。该公司还意识到，这样的计划将使其成为一家环保型公司，对自身具有重要的意义。在此基础上，该公司正在实施一项全国范围内的回收产品计划。

禁止将各种计算机组件填埋，包括高铅的电路板。问题最大的计算机组件是计算机监视器中的 CRT。自 1992 年以来，美国环境保护局已禁止将 CRT 填埋，其包含铅、磷、镉和汞。在压缩垃圾的设施压倒 CRT 时，铅和其他颗粒会飞散，对环卫人员和附近人员造成健康风险。

专家认为，这个问题的严重性只会增加。Gartner（高德纳咨询）集团预测，1992 年至 1996 年，将丢弃 50 万台至 7000 万台个人计算机。Carnegie Mellon University（卡内基·梅隆大学）的一项研究预测表明，到2005 年，将有1.5 亿台个人计算机被填埋。因为它们不容易回收，仅这些机器的处置成本将超过10 亿美元，这还不包括制造足以容纳它们的填埋场的成本。如果挖一个一英亩的洞来掩埋这么多的个人计算机，那将是三英里半。有足够的空间可堆叠约 15 座帝国大厦。

这些只是垃圾掩埋所禁止的一部分产品种类。在全国范围内，一个或多个州禁止在垃圾填埋场中堆填以下产品：机油、家用电池、家用电器、白色家电、纸制品、轮胎、恒温器、温度计，荧光灯以及一些医疗和电气设备。预计垃圾填埋场禁止填埋的产品种类在未来只会增加。与汽车支柱一样，这些禁令中的每一项都会带来新的逆向物流机会。

4.2 运输包装

尽管在商业媒体上没有引起足够的重视，但运输包装、托盘、桶、纸箱、盒子等在全球每年使用的总包装中占很大一部分。如第 4.1 节所述，许多政府机构都在限制运输废物。

如第 5 章所述，德国的企业有责任回收其销售产品的所有运输包装。

在美国，关于运输包装的法规很少。但是，运输包装对于许多企业来说是一个重要的问题。一些情况如下：

- 在美国的 16 亿个托盘中，托盘回收商每年将处理超过 1.7 亿个托盘，占 26 亿板英尺，其中 23 亿板英尺将被再利用以制造新的托盘。
- 尽管木材是用于托盘制造的最常用材料，但塑料托盘目前约占市场的 3%，估计每年会增长 30%~40%。
- 每年仅在美国就会销售价值 150 亿美元的瓦楞纤维板，产生超过 2400 万吨的废物。

在某些美国城市，丢弃瓦楞纸的成本可能与购买瓦楞纸的成本一样高。购买和处理运输材料的成本不断上升，导致许多企业考虑使用可重复使用的运输包装。

4.2.1　可重复使用的运输包装

尽管环境原因已成为许多企业转向可重复使用的运输包装的重要因素，但对于某些人来说，这只是经济问题。可重复使用的容器通常比一次性包装昂贵得多。但是，如果可重复使用的容器被多次重复使用，则可重复使用容器的单程成本会变得比一次性包装便宜。

许多案例研究表明，企业通过使用环保包装可以节省大量资金。对于强生公司而言，工厂间装运的国内外可重复使用纸箱的投资回收期为三到六个月。John Deere&Co.（约翰迪尔公司）可重复使用的板条箱计划获得了为期两年的投资回报，随后又扩展到了其在美国的零售店。

4.2.2 可重复使用的容器类型

可重复使用的容器有多种形状和尺寸以及多种不同的材料。

多年来，瓦楞纸箱为所有其他包装设定了标准。瓦楞纸重量轻、坚固、易于处理且价格便宜。大多数可重复使用的运输集装箱都是塑料、木材或金属，用来替代瓦楞纸箱。

4.2.3 塑料

在许多实际的应用中，塑料是最轻、最便宜的选择。可重复使用的塑料容器通常有两种样式：刚性和可折叠式。硬质塑料容器的尺寸多种多样，但最常见的是比一盒复印纸稍大的尺寸。

刚性塑料容器有两种主要类型：带盖或不带整体盖。那些没有整体盖的容器可以以嵌套的方式堆叠，如图 4－1 所示。这减少了存储空间和运输成本。整体盖通常由两个塑料盖组成，每个盖在开口的两侧，当盒关闭时，它们在中间互锁，如图 4－2 所示。这为内装物提供了额外的保护。打开盒子时，挡板会垂在盒子两侧的外面。但是，如果没有适当的设计来处理容器，则这些挡板可能会阻塞并导致容器在物料处理系统中倾侧。

如图 4－3 所示的可折叠塑料容器也有多种尺寸，但最常用的是托盘的尺寸。站立时，这些容器的大小相当于一个典型的 gaylord（盖洛德）纸箱。四个侧面向下折叠成平整的形状，这使容器的尺寸像一个非常厚的托盘，如图 4－4 所示。侧面通常通过卡扣锁定在直立位置，底部为托盘式结构，搬运叉车可轻松使用。

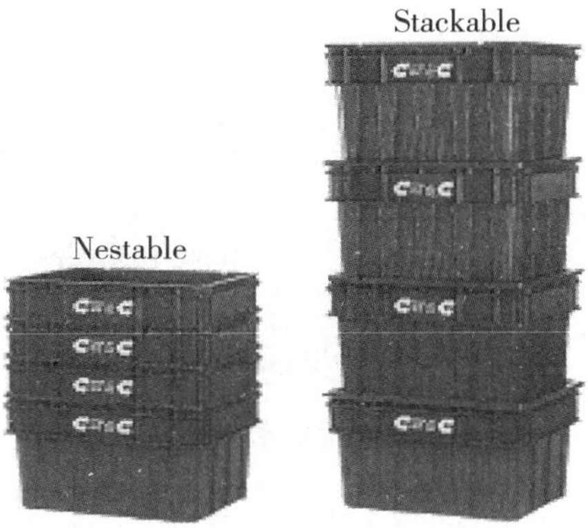

图 4－1 硬质手提箱

图 4－2 带整体盖的硬质手提箱

图 4－3 可折叠的塑料散装容器

4.2.4 木质

木制容器最常见于托盘大小的 gaylord 纸箱中，如图 4－5 所示。

图 4 –4　可折叠塑料散装容器

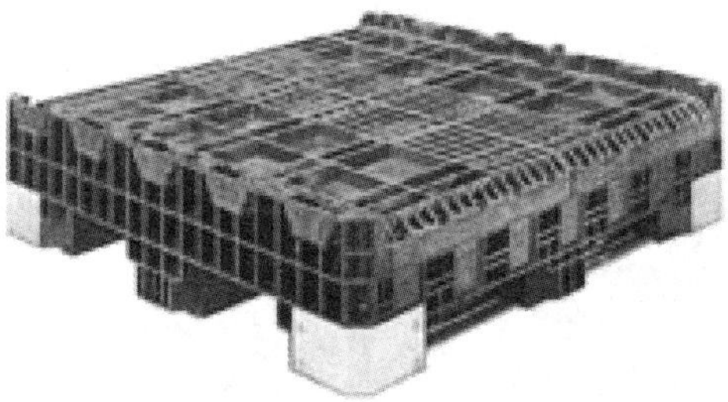

图 4 –5　可折叠木质散装容器

如果大的塑料容器，底部是托盘结构，不用向下折叠侧面以折叠容器，而是将侧面从顶部和底部作为一个整体移除。侧面在拐角处铰接在一起，因此可以平折，如图 4 –6 所示。

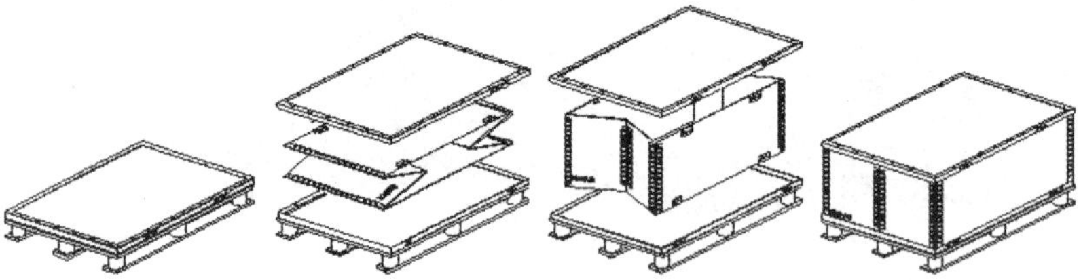

图 4 –6　可拆开折叠的板条箱

托盘项圈容器通过将项圈层堆叠到托盘基座上来组装，使用不同数量的截面，可以根据需要将容器制成短或高的容器。这些容器还具有人体工程学的优点，即在取出产品时可以将其拆卸。

木制容器非常坚固耐用，适合重载和粗暴处理。但是，这种坚固性是以重量为代价的，这增加了运输成本，并使它们更难以操控。然而，对于需要坚固运输包装的产品（例如，机械、科学设备等），这种增加的逆向运输成本可以避免产品损坏并节省长期包装成本。

4.2.5 金属

最后，金属通常用于构造带轮的笼子。这些笼子高约六英尺，长三英尺至四英尺，深两英尺。它足够大，可以携带许多手提袋和其他杂物。如果将给定客户的所有物品放在一个或多个笼子中，则可以大大减少装货和交货时间。但是，由于它们不会塌缩或嵌套以用于回程运输，因此它们主要用于本地交货，而不是长途运输。

金属还用于 gaylord 大小的散装容器。在大小和形状上，它们类似于图 4 - 3 中所示的塑料散装容器。与塑料容器不同，它们不能折叠，并且鉴于其大小和重量，通常不能嵌套。但是考虑到它们的钢结构，其比塑料容器更耐用。像木制容器一样，这些箱子坚固、耐用且笨重。

由于金属散装容器的重量和运输性差，因此比起运输更适合于存储。它们通常用于存储沉重、松散的零件。

4.2.6 容器出租

因为可重复使用的容器需要大量的初始投资，所以能够回收容器至关重要。如果将可重复使用的容器程序设计为仅在设施附近的区域内运行，则将容器取回并不困难，运输成本应低于改造计划中的材料成本。但是，如果合作伙伴范围很广，则逆向运输成本可能会过高，从而使该计划不够经济。

随着距离的增加，退回容器可能会变得更加困难。尽管内部的闭环系统在本地运输时易于维护，但要使这种系统在国家或国际层面上工作要困难得多。

为了维持容器的供应，企业通常在最初将容器寄出时收取押金。因此，有些企业专门向大公司出租大量的容器，使用容器的公司不需要购买容器，他们只要付租金即可。通常基于企业对系统使用的程度来计算费用。例如，每个容器的租金可以按每天每箱多少钱来计算。

最著名的出租公司是 CHEP（集保）。CHEP 拥有数百万个托盘，每个托盘都被涂成蓝色。使用 CHEP 托盘的用户每天在其设施中装载 CHEP 托盘需支付 3.5 美分的费用。对于长期存储而言，这可能过高，但是对于长距离运输而言，这可以节省大量资金。将托盘交付给另一家公司后，发货人将不再负责托盘的租金。货运公司只需不到一美元即可从托盘上获得所需的所有用途。这比支付高达 10 美元的托盘购买费要便宜得多。

托盘不是唯一用于大型出租的运输工具，美国铁路的棚车也有类似的情况。公司存有大量的棚车，不同的铁路会根据需要使用它们。这些棚车是铁路部门共同拥有和管理的。

4.2.7　垫料

一旦确定了容器的构造，就仍然必须确定要使用的垫料。垫料是容器内部用来防止在运输过程中损坏的材料。垫料可以是塑料、聚苯乙烯、瓦楞纸或其他材料。

4.2.8　聚苯乙烯

许多产品（尤其是电子产品）都包装在聚苯乙烯泡沫塑

料（聚苯乙烯泡沫塑料）中，以防止运输途中损坏。由于聚苯乙烯的无机特性，长期以来一直是环保主义者攻击的目标。在 20 世纪 90 年代初期，几个州和 40 个地方政府颁布了关于使用聚苯乙烯的禁令或回收要求。但是，随着时间的流逝许多限制已得到缓解。

尽管环保主义者可能不喜欢聚苯乙烯泡沫塑料，但他们没有科学依据。一项研究发现，与其他包装替代品（包括纸张）相比，聚苯乙烯的制造能耗更低，产生的空气和水排放污染更少，并且产生的固体废物更少。

全国聚苯乙烯泡沫塑料的回收利用率仍保持在 10% 左右，尚未达到预期水平。因为预计无法找到一种可行的方法来回收聚苯乙烯，所以这将在决定聚苯乙烯泡沫的未来中发挥重要作用。随着对一次性包装总体需求的下降，预计对聚苯乙烯泡沫塑料的需求将放缓。

许多企业已经尝试克服与聚苯乙烯泡沫有关的缺点。花生是一种替代选择，但它们常常在湿度下变成“土豆泥”。爆米花虽然可生物降解，但可能会留下油性残留物。加利福尼亚的一家公司推出了一种由石灰石卜回收的马铃薯淀粉和水制成的产品，该产品声称具有生物降解性，但不会遇到其他产品遇到的问题。麦当劳连锁餐厅已经批准将该产品用于巨无霸三明治，并已同意从 1998 年年底开始购买 18 亿个容器。

4.3 可回收包装注意事项

4.3.1 重复使用的好处

企业考虑使用可重复使用的运输包装的主要原因之一是

节省一次性包装的购买和处置成本。如上所述，许多地方政府已经禁止在垃圾掩埋场处置瓦楞纸材料。这意味着企业必须将瓦楞纸材料存储在某个地方，并安排外部企业来收集和回收该材料。

除了降低单次使用成本外，可重复使用的产品还可以为正在运输的产品提供更好的保护。可重复使用的产品可以为用户提供更多的灵活性。随着运输需求的变化，可重复使用的物品通常可以通过更改垫料进行重新配置，这比购买新容器便宜得多。最后，如果企业不再使用这些容器，则可以将其退还给供应商以取得退款。因为容器通常由可回收材料制成，所以在达到使用寿命时会对其进行回收。

许多企业参加了使用可重复使用包装的计划，因为他们认为这种包装有益于环境保护。尽管这可能是一种崇高的动机，但它不一定总能导致合理的业务决策。在转换为可回收包装之前，必须考虑许多成本和问题。

4.3.2 可重复使用中的运输费用

运输材料成本绝不是可重复使用容器决策中的唯一考虑因素。许多企业的成本更侧重于装卸、运输和跟踪货物及物料，这些都会受到可重复使用容器的影响。

运输成本是可重复使用容器的主要阻碍，它们往往比可替代的瓦楞纸材料更重。因为运输成本可能与重量有关，所以这意味着更高的出站运输成本。如果卡车“称重”，即已装满其最大重量极限，则可重复使用的容器的额外重量意味着每辆卡车上可以放置的单位更少，这也意味着更高的运输成本。

但是，在某些情况下，可重复使用的物料会降低运输成本。当一家主要制造商改用可回收的家电容器时，这些容器足够坚固，可以双层堆叠，与它们取代的昂贵瓦楞纸箱不同。

除了增加重量之外，可重复使用的“立方体”利用率也可能不那么好。企业通常只会投资数量相对较少的不同大小的容器（即大部分可重复利用的容器都是一样大小的）。一次性材料可以提供多种尺寸，结果是可重复使用的容器可能浪费更多的空间。这转化为更多的卡车空间来运送相同数量的产品，导致更高的成本。同样，标准化的尺寸可能意味着将需要更多的垫料，这又增加了成本。

可重复使用物品的另一个主要运输成本是将容器运回企业。如果将容器通过运行专用线的公司卡车带给客户，则将容器带回去对运输成本的影响可忽略不计。如果不是这种情况，将容器带回的成本可能很高，在某些情况下，成本甚至高到足以使可重复使用物品的使用变得不经济。

4.3.3 人机工程学

人机工程学必须在容器选择中发挥作用，有些材料比其他材料重。gaylord 大小的木制容器可能重 100 磅以上，对于一个人来说这太重了，无法轻松地举升，这意味着需要两个人或叉车。而且如果不重新放置容器，就无法轻松地拿到一些较大尺寸的物品。

与一次性容器相比，可重复使用的容器通常具有人体工程学的优势。大多数可折叠的塑料 gaylord 箱在容器的一侧都提供一个下拉面板，如图 4－3 所示。一旦容器中的零件高度降到该门底部以下，就可以打开容器。这使员工更容易触及 gaylord 底部的零件，从而减少了身体疲劳。

4.3.4　可重复使用导致的其他费用

尽管许多企业都考虑了材料和运输成本，但未能充分考虑可回收计划中涉及的所有其他成本。除了寄回容器的费用外，其他处理费用还包括清洁、维修、储存和分类，具体如下。

- 正向运输费用
- 逆向运输成本
- 容器库存管理
- 检查
- 清洁
- 修理
- 存储
- 更改容器以便未来使用

但是，可重复使用的容器确实需要维护。容器返回后，可能需要先清洗容器，然后才能再次使用。某些类型的容器在重新使用之前可能需要检查，以防止使用损坏的容器。当在检查站或生产线上发现损坏的容器时，需要采取修理或更换损坏的容器的措施。随着容器使用寿命的延长，必须购买替换件。

对于容器的生产者和消费者而言，必须考虑储存容器的成本。作为容器的来源，实施可重复使用的企业可以期望保持空容器的供应。必须在某个地方为此目的找到空间，这将导致成本增加。另外，在储存和移动容器时也将导致额外的劳动。消费者必须有空间来存储等待发回给生产者的空容器。

4.3.5 管理容器

一项不可预测的成本是跟踪容器。从理论上讲，任务应该很容易：容器到达客户手中，然后客户返回。如果仅将一个容器发送给一个客户，则此任务可能很容易。但是如果该客户还从其他供应链合作伙伴处收到可重复使用的容器，则很有可能会保留或盗窃这些容器。

客户可能没有任何动机或动力来帮助供应商收回容器。许多大型零售商使用最常见的可重复使用的运输材料（即低托盘）从配送中心将产品运输到零售商店。零售商店应该保存收到的货盘，然后将其发送回配送中心。但是，接受采访的配送中心经理一致认为，商店很少收集和返回托盘。取而代之的是，托盘大多数被填埋、赠予或出售。

许多企业使用条码来跟踪单个容器。其他企业正在严格为此目的开发专用信息系统。例如，GENCO 公司已开发了一个独立的软件包，该软件包可以跟踪沃尔玛的各个可重复使用的容器。沃尔玛使用该系统跟踪用于将退货从商店转移到退货处理中心的容器。使用该系统，沃尔玛能够追踪单个容器从商店到承运人的进度，直到到达退货中心为止。

如本例所示，企业开始意识到，邀请第三方公司来帮助管理可重复使用的容器可能会有好处。一些企业，例如沃尔玛，需要使用软件包来帮助他们管理容器库存。其他企业正在将其容器管理完全转移给第三方企业。允许第三方管理企业可重复使用的运输材料库存的想法并不新鲜。多年来，CHEP 一直在维护世界各地企业使用的托盘的库存。

尽管许多可重复使用的容器项目被证明是有益的，但并非总是如此。1995 年，阿姆斯特丹自由大学的一项研究追踪了可重复使用的塑料手提袋在干杂货分销行业中的使用。当前，塑料搬运箱是产品从制造商运送到分销商以及从分销商运送到零售商的标准手段。该研究考察了所有系统成本，并得出结论，使用单向纸板箱是分配产品的最有效方法。作者解释说，维护必要的容器池，存储、清洁、检查损坏等成本大到足以抵消设备的任何长期较低成本。

4.3.6 成功因素

尽管没有两个可重复使用的容器项目是相同的，但是有许多因素对给定项目成功的可能性具有重大影响。

1. 运输距离

拖曳容器的距离越短，成本就越低。更短的距离显然会降低运输成本。同样，更短的距离意味着在任何给定时间运送的容器都更少，这意味着需求减少了。

2. 频繁交货

两次交货之间的时间越短，则两次运输之间累积的容器就越少。在关系的任一端堆积的容器越少，需要购买的容器越少，存储所需的空间就越少。而且，这些容器在客户那里闲置的时间越长，损坏和损失的概率就越高。

3. 参与各方的数量

参与方越少，跟踪容器越容易，丢失容器的机会也就越少。为了管理具有许多合作伙伴的系统，一些企业尝试将每个容器分配给特定的合作伙伴，并与每个合作伙伴维护单独的闭环。这样可以很容易地知道哪个伙伴拥有特定的容器，但是会带来许多其他管理问题。

4. 所需不同尺寸的种类

随着不同尺寸容器的数量增加，可以获得更好的空间利用率，从而降低运输成本。遗憾的是，使用许多尺寸的容器通常意味着必须购买更多的容器，以保证所需尺寸的可用性。另外，必须在每个位置处理和存储更多的容器。

5. 合作伙伴买入

由于更改了可重复使用的材料，可能会导致合作伙伴增加大量额外工作。如果消费者还向供应商发送物料，则消费者可能要从更改中受益才行。

4.4 产品回收

如上所示，许多与环境有关的社会变化正在对逆向物流产生深远的影响。通常，现在的趋势是对可在垃圾填埋场中放置什么、如何以及在何处放置产品进行更大的限制。

由于这些变化，企业已开始研究新的方法，以在产品达到使用寿命后重新获得价值。在某些情况下，其推动力完全是经济的，就像那些从电子元件中回收铜和其他有价值材料的企业一样。

在其他情况下，环境法律的变更会影响经济的复苏。在垃圾填埋场的章节，讨论了支柱制造商。一个州以立法的形式防止这些产品被填埋，这使制造商能够从其产品中回收材料。

最后，在某些地方，法律迫使制造商承担适当处置的责任。在某些情况下，法律要求制造商必须在产品寿命到期后从消费者手中收回产品。

4.4.1 美国的回收法律

一些企业已经开始意识到回收计划的潜在营销优势。在美国，总统可持续发展委员会已开始研究扩展产品责任（Extencled Product Responsibility，EPR）的概念。EPR 集中在产品的整个使用寿命中，寻找在产品的整个生命周期中防止污染并减少资源和能源使用的方法。

总统可持续发展委员会赞同 EPR 的一般原则，并说当前的自愿性计划似乎运作良好，建议采用自愿性的 EPR 系统。

许多公司，例如，Compaq（康柏），Hewlett - Packard（惠普），Nortel（北电网络），Frigidaire（北极牌）和 Xerox（富士施乐），都采用了 EPR。此外，已经制订行业性的措施用来回收镍镉电池和汽车保险杠。

在美国，回收计划并不普遍，但是却正在发展。至少有 15 个州有法律要求零售商收回车辆电池。马里兰州通过了一项法律，要求制造商和零售商建立一个收集氧化汞电池的系统。

消费者在购买时就支付了高级处置费（Advanced Disposal Tees，ADF），以支付产品使用寿命结束时的处置费用。至少有 22 个州的轮胎上装有 ADF，许多州的机油上有 ADF，有些州的白色家电上有 ADF。

4.4.2 计算机

尽管目前在美国没有强制性回收计算机，但美国是全球领先的个人计算机生产商和用户。美国电子行业已开始研究如何回收电子产品，并已开始设计理想的电子产品回收中心。美国环境保护局已开始研究报废电子零件的收集。到目前为止，它已经资助了两个住宅电子和电气设备收集试点项目。

在日本 2000 年时电气设备制造商被要求回收自己的产品。为响应这一临近的最后期限，IBM 日本公司开始实施一项计划，以鼓励客户在新系统上换购旧计算机。根据所引入系统的使用年限和价值，客户可获得一定数量的信用额度。退回的计算机将升级其处理器和硬盘，并将返回商店进行出售。

据估计，仅在加利福尼亚州，每年就有超过 200 万台个人计算机被废弃。许多慈善组织已经为可接受和不可接受的计算机创建了标准。用美国大型慈善组织“善意工业”的发言人的话来说，“我们不想要你的垃圾”。

5 欧洲的逆向物流

与美国一样，欧洲对逆向物流的有效管理仍在不断涌现。在环境和绿色问题上，欧洲似乎领先于美国；对于消费者的退货，欧洲逆向物流实践则似乎落后于领先的美国系统。

本章的重点是针对废弃产品和材料的欧洲环境和绿色解决方案。

整个欧洲正在通过立法，为达到使用寿命的产品规定可以做什么和不能做什么的条件。例如，许多欧洲国家已经通过了立法，要求生产商在生命周期结束时收集其产品。许多人认为，在美国采取类似措施只是时间问题。

5.1 德国包装法律

5.1.1 1991 年德国《包装条例》

没有哪一项包装法规像德国最近实施的包装法规那样受到热烈的讨论，并产生如此广泛的影响。德国的系统值得进行详细研究，因为它在新闻媒体中被讨论得如此广泛，并已成为其他国家和地区计划的基础。这也是推动美国立法的原因。

1991 年，德国联邦参议院（相当于美国参议院）通过了《包装条例》。该法规要求行业组织回收可再利用的包装废物，而地方当局则继续处理剩余废物的收集和处置问题。根据法律，企业必须自己收集包装，或与其他人签约以进行收集。

1991 年《包装条例》有四个主要组成部分，旨在提高生产者对包装废物的责任：

（1）制造商和分销商必须接受运输包装，例如，托盘、纸箱等，并重新使用或循环再用。

（2）零售商必须接受二次包装，例如，牙膏盒子等外包装。分销商必须接受二次包装，然后再使用或循环再用。

（3）对于初级包装（如牙膏管），适用于二级包装相同的规则，除非该行业建立的收集和回收系统符合政府对每种包装回收的严格配额（玻璃和金属包装为 72%，纸、塑料、硬纸板和复合包装占 64%）。

（4）饮料、洗涤剂和油漆容器需要使用押金退还系统。

该条例很快产生了预期的效果。对于运输包装（占包装的 30%），人们对可重复使用包装的兴趣迅速增加，而对二级包装的使用迅速下降，通常不到所有包装的 1%。主要争议在于初级包装，因为它代表了大部分包装材料。

5.1.2　德国二元回收系统（DSD）

为了对此做出回应，有 400 家企业设立了德国二元回收系统（Duales System Deutschland，DSD），以努力满足政府回收不同包装类型的配额。DSD 与三个组织签订了协议。首先，它向包装生产商授权使用其“绿点”符号，如图 5 - 1 所示，将这个标志印刷在外包装上。其次，它与私人废物运输商和市政废物收集者签约，以收集带有绿点的包装。最后，它与行业组织签订合同，保证废物将被回收。

从消费者和零售商处收集材料，然后将其发送到次级材料企业进行处理。尽可能地将这些材料重新用于制造新包装，

图 5－1　德国绿点标志

遵循该规定。但是，并非所有材料都可以重复使用。有些用于生产产品。例如，用汽水瓶制作公园长椅，其他产品将用作提供能源，剩下的一些产品也可以出口。DSD 中的物料流如图 5－2 所示。

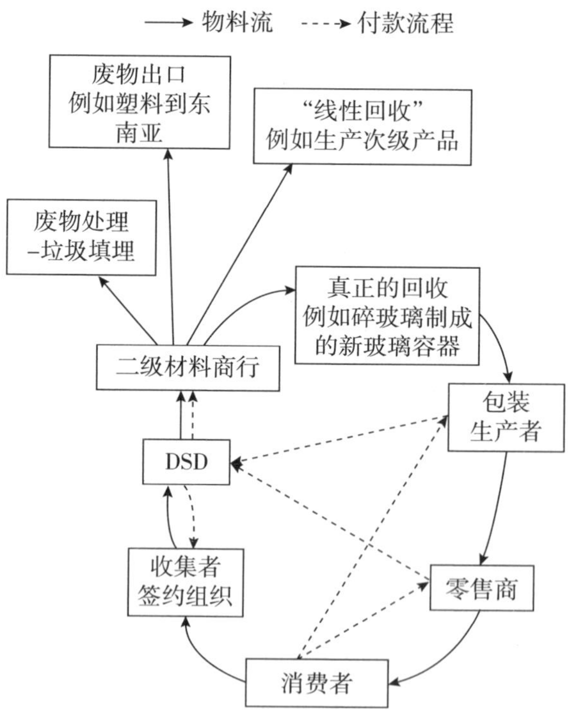

图 5－2　DSD 中的物料流

5.1.3 绿点计划

绿点计划是 DSD 的主要重点。他们的徽标被称为“绿色圆点”，虽然在大多数包装上，它都是用黑色墨水印刷的。

为了使容器能够被参与的废物运输商接受，包装必须带有 DSD 的绿色圆点。为了使公司的包装带有绿色圆点，公司必须向 DSD 支付许可费。绿点的成本取决于许多因素。费用基于“生产者付费”原则，并考虑了各种包装材料的分类和回收成本。例如，由于塑料的分类和回收成本增加，塑料的成本比玻璃的成本高得多。此外，还要考虑产品的体积。

“生产者付费”原则规定，负责环境状况的企业应支付清理费用。对于包装，包装的生产者应负责回收或处置包装的费用。

根据包装的类型，供应链中的主要节点企业必须申请绿点。对于装有消费性产品（如干酪）的包装，产品制造商必须申请绿点，而不是容器制造商；对于服务包装，例如，购物袋、包装膜和一次性餐具，包装制造商必须申请；对于进口的产品，位于欧洲经济区内的进口商和出口商必须申请，位于欧洲经济区以外的国家不能申请绿点。可以以书面形式或使用为此目的设计的软件来进行申请，可通过在附录 C 中列出的地址联系 DSD 来获得这两种申请。

5.1.4 对德国二元回收系统的评估

DSD 系统的激励措施很成功，因为回收的物料数量大大增加。到 1997 年，德国从家庭和小型企业中回收了 86% 的销售包装。相比之下，许多美国城市目前都在努力达到 25% 的既定目标。

对绿点系统的批评是它太昂贵了。最初立法的支持者声称，与将产品运送到垃圾填埋场相比，回收利用会便宜得多。迄今为止，回收还没有被证明比填埋便宜，该系统的最终成本为每人不到20美元。尽管对于一些批评家来说，这个数目似乎很高，但它比美国许多回收计划要便宜得多，而美国回收计划的回收率要低得多。DSD的启动受到许多问题的困扰，这可能会困扰试图建立新的逆向物流系统的企业，尽管该系统的范围和规模要比大多数逆向物流系统大得多。

与DSD签约的三个合作伙伴都遇到了问题。包装生产商收取的许可费最初太低，无法支付收集和回收包装的费用。同样，许多企业支付商定的许可费很慢。结果，DSD在1993年差点破产。此后，DSD修改了许可费，以支撑回收每种废物的成本，增加了对企业颁发绿点许可的压力，并督促企业及时付款。

回收成本变高的一个原因是与废物运输车的合同比预期的要昂贵。两年内，DSD必须与德国每个城市的一家企业签署协议来处理回收物。废物运输者认为，在所有城市签订协议比试图降低成本更为重要。另一个原因是德国缺乏路边回收利用的经验。在包装法令颁布之前，回收主要是通过下车地点进行的。最后，DSD是按吨收费的。在1993年濒临破产后进行的重组中，DSD为废物运输者提供了人均收税上限，这激励了废物运输者减少进入系统的多余材料的数量。

DSD最难解决的问题，是与它签订回收物料的签约企业。

到1993年，预计将有3亿吨再生塑料，实际结果是4亿吨。加工商尚未为如此大的数量做好准备，而再生塑料市场尚未准备好购买如此多数量的产品。当回收者接收塑料时，他们有义务确保塑料最终被回收，制成新产品。理想情况下，所有材料都应留在德国境内。由于供应超过需求，再生塑料的价格急剧下降，大量产品被运往其他欧洲国家，因为需要这些材料的企业从德国采购比从当地采购便宜得多。这给其他欧洲国家的回收计划带来了很大的问题，并引发了关于应允许一个国家的政策对其他国家回收工作产生多大影响的讨论。供应过剩的另一个结果是，原本打算再利用的大量塑料最终运到了东南亚的垃圾填埋场，因为公司发现废塑料出口比在德国找到用途更便宜。

有趣的是，DSD 执行的效果之一是 1994 年通过的欧盟《包装指令》。法规的初衷是对回收量进行规范。根据该指令，各国应至少回收其包装材料的 50%，但不超过 75%。如果各国想回收更多的包装，则必须证明它们有足够的回收能力来处理自己的材料。

关于绿点的另一个主要批评是，实际上，这是企业根据需要创建尽可能多的废物的许可证，并没有减少废物产生的诱因。而且，企业没有动力去探索可重复使用的包装。因此，一些地方政府机构拒绝执行该计划。尽管受到了批评，该计划还是成功减少了德国人制造的包装废料数量。从 1991 年到 1995 年，德国消费者使用的再生包装数量下降了近 11%，而同期美国使用的一次性包装增长了 13%。

1998 年 5 月，另一家德国公司 Landbell（珀兰）开始提供与 DSD 相同的收集服务，但价格更低。与 DSD 不同，消费者不需要将要回收的每种产品分开，只需要将纸和纸质材料分开。收集所有的其他生活垃圾并集中分类，去除金属、电池、矿物质和玻璃。将剩余的废物（包括塑料）烘干，压缩成捆，并通过焚烧回收能量。DSD 向法院起诉了 Landbell 开展的服务，理由是它不符合德国 64% 的塑料回收目标。

5.2 运输包装

尽管运输包装在全球每年使用的总包装中占很大比重，但在美国却没有受到太多关注。本书在第4章运输包装一节中讨论了每年使用的运输包装数量及其处理方法。

在德国，《包装条例》的目标之一专门针对运输包装。根据该法律，企业必须回收其产品随附的所有运输包装，以供重复使用或回收。因此，所有运输包装都必须编码以便回收。图5－3显示了位于托盘上的垫石，用塑料包裹并编码以便回收。

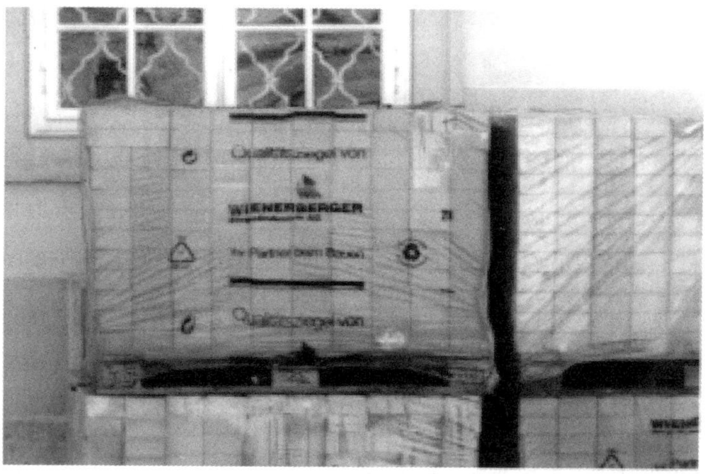

图5－3 为了循环再用德国运输包装进行了编码

立法对运输包装的影响

这种限制的直接影响是使用一次性运输包装的数量迅速减少，并且人们对可回收和可重复使用的包装越来越感兴趣。欧洲对瓦楞纸的需求预计在未来五年内将下降10%。

Arbeitsgemeinschaft Verpackung und Umwelt（AGVU，字面意思是“包装与环境工作组”）是德国公司在零售、消费品、包装行业和回收行业的协会。AGVU 汇集了供应链各个环节的成员，其任务是研究德国闭环经济在包装领域的影响，并特别关注环境。

AGVU 委托包装行业市场调查机构政府和其他来源收集有关德国在许多领域使用包装的信息。

尽管 AGVU 的成员可能并不热衷于《包装条例》，但他们委托进行的调查表明，该法律已产生了重大影响，如以下统计数据所示。

从 1991 年到 1996 年，泡沫塑料运输包装的年使用量下降了 36%，从 31000 吨减少到 23 吨。同期，使用托盘作为运输包装的数量减少了 14.5%，从 385000 吨减少到 329000 万吨。如果包括其他木制包装类型（板条箱、线轴等），则同期木制运输包装的总使用量减少了 25.6%，钢铁运输包装下降了 11.3%，瓦楞纸运输包装使用量下降了 8.8%，包装纸运输包装总量下降了 7.6%，塑料运输包装下降了 7.4%。

5.3　产品回收

在整个欧洲，法律越来越迫使制造商承担适当处置的责任。在某些情况下，法律要求制造商必须在产品使用寿命到期后从消费者手中回收产品。

5.3.1　德国回收法

现行限制性最强的回收法律是在欧洲，而欧洲最早和最广泛的回收法律来自德国。

新的《废物管理基本法》于1993年通过。其目标是使德国更接近于实现闭环经济，在这种经济中，所有产品将被重复利用或回收，最终少量的产品进入垃圾填埋场。该法律的主要变化之一是对废物的定义。最初于1986年通过的《废物管理法》仅涉及废物处置的管理。在新法案中，政府还关注回收废物。进行此更改的目的是使德国法律与欧洲法律一致。

新法规带来的主要变化是，电子或汽车等行业有义务对自己的产品承担责任。这是对废物从抛弃思维转变为预防、减少、回收和循环再利用的重要一步。该法律的最终目标是收集所有生产废料和用过的产品，并将其进行回收或材料再循环。

汽车工业法令于1998年4月1日生效。现在，所有汽车制造商都必须在首次注册后最多十二年内免费回收旧车。电子行业的法令还不完善，目前仅以草案形式存在。

将来，还将颁布有关妥善处理印刷纸、电器、电池和建筑碎石的法令。当前，整个欧盟都在制定标准化的回收法律。

不同的国家和地区政策不同，但主要共同关注领域可以分为以下几种。

- 白色家电：冰箱、冰柜、取暖设备、开水器、洗衣机、洗碗机和厨房设备；
- 黑色家电：音响设备，电视，复印机和传真机；
- 电脑；
- 汽车类；
- 电池。

5.3.2　电子废物

尽管研究表明，处理电子产品对环境危害很小，但是如何处理电子产品以及对其进行回收利用的程度却是一个被广泛讨论的问题，尤其是在欧洲。尽管事实上，一家英国咨询公司所做的另一项研究报告称电子产品占英国所有固体废物的比例不到百分之一。

欧洲委员会于 1998 年 4 月提出了一套有关收集和回收电气和电子废物的法律草案。最终法律将为废弃电子电气设备设定目标，以提高回收利用率，减少有害物质并确保妥善处理回收后剩余的废物。该标准将涵盖各种各样的电子产品、包括手机、游戏机、玩具、家用电器和办公设备。

欧盟提案将对回收产品采用生产者责任原则，这意味着制造商将负责为系统成本买单。该提案使成员国不满，这些成员国希望在确定如何为这些系统提供资金方面具有灵活性。制造商虽然对必须为回收支付费用感到不满，但他们希望在整个欧洲使用统一的成本，因为欧洲各地不同的价格可能导致竞争扭曲。零售商对法律要求他们接受消费者新购买的商品时增加费用感到不安，尽管制造商将承担回收的最终责任，但零售商将不得不收集、存储和转运产品。

当欧盟开始考虑欧洲范围内有关电子废物的指令时，许多欧洲国家也正在考虑自己的电子废物政策。例如，挪威宣布要求电子设备的生产商和进口商收回废弃的电子设备产品和废料的计划。六个贸易组织同意在五年内收集挪威 80% 的电子设备废物。该协议定于 1999 年 7 月 1 日生效，涵盖了废弃的白色家电、个人计算机、电话、电缆、电子和工业用电器。遵循污染者付费原则，该系统将对新电子产品征收回收费。荷兰和瑞士目前正在制定类似的政策，欧盟正在制定有关电子垃圾的指令。

在荷兰的电子回收系统中，收集和循环再利用产品的成本将通过对所有售出的新设备征收的费用来支付。尽管这些费用将有助于回收当前正在出售的新设备，但不足以支付所有现有设备的成本——这些产品也需要回收。其中要解决的一个问题是政府是否会在财政上支持该组织回收旧设备；另一个要解决的问题与荷兰销售的80%的电子产品来自一家公司这一事实有关。其他制造商抵制将大部分收益分配给一家公司的做法，即为系统提供经济资助。

英国电子回收计划的一项研究发现，电视机目前过于昂贵，无法回收。该研究得出的结论是："电视机要更好地存储在人们的阁楼和车库中，直到完全建立材料回收的工艺和市场。"旧的电视中包含的木材比新电视中使用的塑料价值低。而且，阴极射线技术还不够先进，不足以使电视机成为很好的回收对象。

5.3.3 家电回收

在荷兰，已下令进口电器的企业建立回收系统，以收集和再循环用过的黑色和白色家电。经过七年的关于自愿交投的讨论未能取得可行的结果，环境部长决定迫使相关企业建立并运行这种系统。在该系统下，企业将必须建立一个系统来收集和回收产品。该系统将由销售点上的产品征费来支付，这预计不会显著提高对消费者的价格。

5.3.4 汽车循环再利用

根据欧盟的一项研究，欧盟每年有900万辆汽车报废，会产生900万吨废物。立法草案正在审议中。此类立法要求到2015年必须回收所有报废车辆的90%。根据该法律草案，车辆的最后一名拥有者将获得授权拆卸商的销毁证明。如果车辆的价值为负，则制造商必须向车主补偿这笔费用。汽车制造商主要是对最后一条不满。

汽车制造商对欧盟对不可回收汽车设定的目标也不满意。欧盟法律已设定目标，到2015年将填埋的汽车废料比例降低至5%。汽车制造商表示，这实际上将损害环境，因为这将迫使他们使用更多的金属，金属更易于回收，但比其他可用材料更重。

与汽车制造商不同，欧洲的汽车拆解商欢迎法律。他们认为，这将是对整个欧洲现有的自愿协议制度的一种改进，因为以往各国之间的自愿协议各不相同。

在英国，车辆制造商和拆解商以及金属，塑料和橡胶行业的代表建立了自愿回收系统。代表所有这些行业的联盟将管理该过程。与荷兰和德国的计划不同，召回的过程将由市场力量来管理。不会像德国那样对已售出的新车征税，也不会免费回收旧车。为了提高可回收性，制造商承诺到2002年使新车可回收利用达到90%。与欧盟计划不同，英国的目标允许包括“能源回收设施”，其中包括塑料、橡胶和纤维等（难以回收和/或易燃的材料），可以焚烧。

在荷兰，已经建立了由政府认证的国家回收中心。在购买时，买方要支付250荷兰盾的费用（约合60美元）。拆卸汽车后，拆解商会向荷兰汽车回收公司发送正式通知，由后者支付费用。该系统的持续运行也由国家汽车所有权税提供资金。一旦汽车注册，车主将支付年费，直到可以出示正式文件证明其已售出或拆解为止。

尽管许多欧盟国家为汽车制造商制定了自愿回收计划，但瑞典是第一个宣布强制回收要求的国家。汽车制造商必须建立一个由拆解商、零售商和批发商组成的网络，以确保妥善拆卸回收的汽车。制造商必须免费接受回收的车辆，但较旧的车辆除外，如果回收费用超过了回收材料的价值，则可能要收取费用。

5.3.5 电池回收

欧盟考虑的一项指令，要求到 2008 年回收所有类型电池的 75%，并逐步淘汰所有汞和镉电池。该指令极具争议性，并可能导致玩具、电子产品、照相产品的价格大幅上涨。因为许多工具和小型家电制造商，目前没有运行小型手用工具和其他电子产品的非镉技术。

1997 年 4 月，德国政府通过了关于废旧电池回收和处置的规定。制造商将被要求免费回收、再循环和处理退回的含污染物电池，包括汽车电池。生效六个月后，所有其他电池也将包括在内。该立法为统一的电池回收系统提供了动力。

在德国，还起草了法案，禁止销售任何不能轻易拆卸危险电池的设备。

在瑞典，废旧镍镉电池的回收率目标设定为 90%。由于该行业在 1995 年没有达到这一目标，因此在 1997 年，瑞典政府让当地官员负责收集电池，而该行业仍必须为电池收集付费。

5.4 欧洲结论

整个欧洲，生产者回收产品的趋势很明显。在某些国家和地区，某些行业处于自愿回收计划之下，政府和行业已同意明确该行业将尝试实现的目标。如果不能达到这些目标，政府可能会强制执行。

对于逆向物流从业者而言，在不同国家、不同行业中都面临着不同的挑战。在某些行业中，政府负责收集，例如，瑞典的电池行业。在某些情况下，设施网络是由该行业组织和运营的，例如，瑞典的汽车行业。在其他情况下，公司只能创建自己的回收中心。

支付这些系统的资金来源与系统本身一样种类繁多。在某些情况下，该行业必须承担费用；在某些情况下，用户需要在购买产品时支付处置费用；在其他情况下，则需要组合付款方式。

6　行业概览

本章研究选定行业中的逆向物流实践。选择本章中包含的行业是因为每个行业都包含可以转换为其他业务领域的元素。

6.1　出版业

目前，出版业一直在努力回收卖不出去的产品。这一问题的严峻程度前所未有，因为出版物的销售周期变短，必须腾出货架给新的出版物。现在，逆向物流在出版业中比以往任何时候都更加重要。在许多公司中，逆向物流政策和实践是否良好，就意味着是获利还是淹没于赤字海洋。

6.1.1　历史根源

图书供应链存在的一些问题可以追溯到70年前形成的商业惯例。在大萧条时期，书商买不起出版商想要卖出的书。为了使零售商能够库存更多的书籍，出版商开始允许零售商将无法出售的任何书籍发回。这样，零售商便可以销售更多种类的书，从而大大增加了购买大众的选择范围。从那时起，出版商与零售商之间的关系一直遵循这种模式。

这种关系要求出版商承担未能销售书籍的风险。出版商鼓励零售商大量购买，零售商知道，他们无法销售的任何书籍都可以退还，并全额退款。因此，零售商订购的书本数量比售出数量多，成本为零或很少。这种安排对于出版商来说是非常昂贵的。每次退货会给出版商带来25美分的运输费用，许多书籍被销毁，印刷成本通常在2美元到2.5美元。

随着时间的流逝，出版商已经开始接受这些成本作为业务成本。但是，在过去的几年中，出版业的变化导致创纪录的回收率和出版损失。

零售商除了直接从出版商那里购买外，还通过批发商购买书籍。零售商通常更喜欢从出版商那里购买书籍，因为批发商通常收取更高的费用。最近，大多数渠道中的零售商已开始获得更多动力。在图书供应链中，图书出版商制定了限制退货风险的政策，而出版商首当其冲地承担了退货风险。现在，某些出版商将仅直接向保证最低年度购买量的大零售商出售，较小的零售商必须从批发商那里购买。因为批发商通常不会携带出版商的整个目录，所以对于小型零售商而言，这是一个严重的问题。

6.1.2 退货问题症状

1995年，精装书和成人平装书的销量下降了5.3%，这是连续第二年销售额下降幅度超过5%。1996年，总收入下降了3.4%。一家出版商在1997年取消了100多个计划中的选题。在销售下降的这段时间内，该类别的平均收益率徘徊在运送给书商的图书的35%左右。此外，书籍销售的产品生命周期缩短了。

根据美国出版商协会的说法，1996年的退货率如表6－1所示：

表 6 –1　　1996 年退货率

书籍类别	平均	范围
成人精装书	35.1%	23%~38%
成人平装书	25.6%	22%~29%
少年精装书	18.7%	13%~23%
少年平装书	19.8%	13%~23%
大众市场平装书	43.5%	37%~51%

最受关注的书籍类别是成人精装书。这些通常由知名作家撰写，在畅销书排行榜上占主导地位。这些书籍的销售数字可能会影响出版商的股价。该类别的退货率已经大大提高，并且是一个令人关注的领域，出版业正在投入更多的资源来解决该问题。

6.1.3 根本原因

出版行业退货问题存在以下几种原因：

- 快速增长的零售空间需要更多书籍；
- 供应链的发展导致较大的印刷量；
- 供应链普遍具有较高的退货率；
- 可能畅销书的竞争增加，需要更大的投入才能收回最初的投资；
- 大量印刷书籍意味着更多竞争；
- 货架期缩短；
- 整体书籍的总销售量持平；
- 电子书的出现对纸质书造成了压力；
- “渠道堵塞”；
- 库存政策变更 – JIT（准时制）；
- 渠道位置不清晰 – 整合。

最大的单一因素是大型连锁店的增长。1990—1996 年，开设了 80 多家书店，其中前四家连锁店（Crown Book Corp.，Books-A-Million Inc.，Barnes&Noble 和 Borders Group，Inc.）在 1996 年开设了 190 多家商店。仅在 1996 年，零售书籍销售空间就增加了 20%。预计在未来几年中，空间总量将再增加 1400 万平方英尺。

由于 Barnes&Noble（巴诺）和 Borders（鲍德斯）等连锁店在美国各地开设了大型书店，因此零售楼面积呈指数增长。诸如山姆会员店之类的仓库超市也将大量空间用于出售打折的书籍。在零售空间不断扩大的同时，消费者在书籍上的支出增长缓慢。尽管现在有更多的零售空间用于销售书籍，但消费者对书籍的需求却没有那么多。

在图书行业零售面积不断增长的同时，图书和许多其他制成品的客户基础也在巩固。Wal - Mart（沃尔玛）和 Kmart（凯马特）等巨型零售商已成为出版商的最主要客户。随着大型超市增加了更多的空间，它们正在占领越来越大的图书市场，而这些收益是以牺牲独立书店为代价的。图 6 - 1 显示了独立书店的市场份额。1991 年以前，独立书店占据了最大的市场份额，超过 32%，到 1996 年下降到不足 20%。折扣商店销售的书籍数量在 1996 年增长了 21% 以上。

大型超市的发展使书店在与出版商的谈判中拥有更强大的地位。为了确保在大型超市中有突出的展示，出版商必须能够提供大量的书籍。但是，经过两周的醒目展示后，一本书可能会降级到商店后面的书架上。大型展示货架可能包括 100 本或更多的书。当不再需要大尺寸的展示货架时，大部分多余的书会退给发行商以供退款。

结果是，超市的销售增长对出版商而言喜忧参半：独立

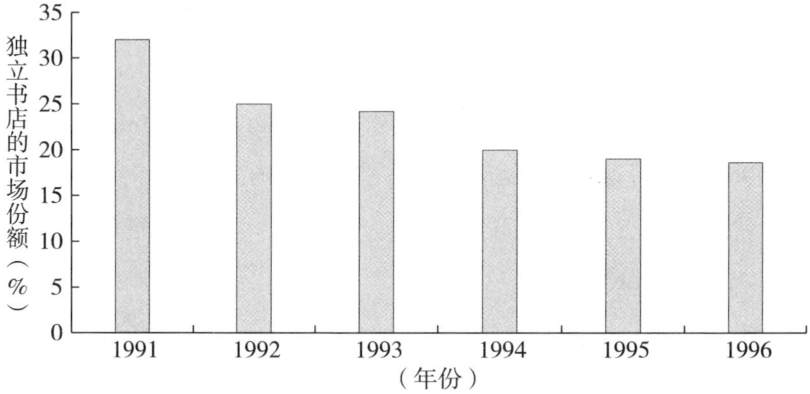

图 6-1 独立书店市场份额的变化

书店出售的书籍超过他们订购的 80%，超市出售的书籍不到 70%，折扣书店则出售大约 60%。由于独立出版商往往订购较少的品种（每个种类都较少），并推销库存中的书籍，因此其退货率通常低于大型超市的退货率。此外，独立书商在渠道中的权利较少。从独立商店到强大的超级市场的增长加剧了图书行业的退货问题。

如果商店中有大量的慢速销售书籍，则通常会希望将其标价降低以便能够出售而不是退还。但是，出版商通常认为，在书籍上加标记会降低产品在客户眼中的价值。在出版业中，人们认为，如果客户期望所有书籍最终都将被降价销售，他们将推迟购买新的书籍，这一做法会降低商家的利润。

出版商面临的另一个问题是出版行业中书名的激增。1947 年，当《印刷图书》开始收集数据时，有 357 家出版商印刷了 85000 种图书。到 1997 年，美国有超过 4.9 万家出版商出版了 130 万本印刷书籍。但是，阅读书籍的客户数量并没有以相同的速度增长。1997 年，销售额下滑了 3.4%。结果是，书店经常向出版商强行退货。

为了缓解财务问题，出版商正在向知名作家预付高额订金。为了争夺这些知名作家，预付款已达数百万美元。要回收如此高的预付款成本，出版商计划的初始印刷量至少要足以覆盖作者的预付款。这导致书籍铺货数量增加，从而加剧了上述问题。遗憾的是，许多作者没有实现出版者的期望。

6.1.4 互联网和按需出版

一方面，有人认为书店最终将被淘汰。他们存在这样的愿景，即出版商将图书直接出售给从互联网下载图书的人。有趣的是，互联网对商业影响较大的领域之一是出版业。亚马逊通过其成功经验表明，许多人将使用最新的通信形式，即互联网，来订购书籍。

将来，互联网的最大影响可能在于绝版图书的销售。由于采用传统的打印技术，出版商必须一次打印大量的书籍，以降低成本。如果未来的销售不太可能保证销售量，出版商是不会进行下一轮印刷的，那么这本书就会绝版。

技术进步使低成本小批量印刷成为可能，但单册成本仍然比大批量印刷高得多。但这种折中，人们仍然可以接受。

使用先进技术，客户可以访问网站并询问绝版书籍的副本。该书将在第二天印刷并寄给客户。美国最大的书籍批发商 Ingram Books（英格拉姆出版社）拥有一家闪电印刷事业部，专门从事这项业务。他们的网站在 1998 年 7 月提供了 125 种书目。

6.2 计算机/电子行业

一位高管对研究团队说："我们处于一个拥有 60 天产品生命周期和 90 天保修的行业。客户当然会把产品退回。"与其他耐用消费品（如汽车或大型电器）相比，计算机的产品生命周期非常短。在退货可能使利润降低高达25%的行业中，逆向物流是一项必须认真对待的工作。

根据Gartner集团的资料，二手计算机业务在1996年约为23亿美元。假设美国人口约2.6亿，则每人只能使用一台过时的计算机。Carnegie Mellon University（卡内基·梅隆大学）完成的一项研究估计，在1985年至2005年的20年中，大约有3.25亿台个人计算机在美国已经过时。据估计，其中有5500万台将被填埋，并将有1.43亿台回收再利用。大量陈旧的计算机意味着电子行业的生命周期短是一个严重的问题，并且有许多机会可以利用随处可见的资产创造价值。

对于许多销售计算机和电子产品的零售商来说，退货率很高。制造商已经开始限制他们自愿回收的产品数量，这些数量限制是渠道成员矛盾的一部分。因为计算机是复杂的产品，所以退货百分比很高，消费者不了解如何操作它们，并且在产品可能没有缺陷时也可能会被迅速退货。例如，CD-ROM驱动器之类的某些产品过去的退货率是25%~40%，因为它们安装复杂且难以操作。另外，因为打印机已成为一种日常设备，所以打印机的退货率已下降到4%~8%。消费者可以简单地打开打印机包装，将其安装并开始使用。

对于一家计算机制造商而言，无法很好地管理退货率会严重损害其盈利能力，进而影响上市。本研究中涉及的个人电脑公司的退货率通常低于10%，但是，这家公司允许其退货率超过17%。

许多计算机制造商对退货设置了上限，只允许退还销售额的一定比例。当强大的零售商挑战这一极限并超过上限时，这些政策将失效。当制造商越来越依赖于那些零售商时，很难管理像沃尔玛或塔吉特这样的强大零售商。从那时起，一些公司开始采用大幅度的上限百分比，以适应其下游的零售商。

最小化退货链的一种方法是按订单生产。这使制造商可以将产品的最终转换推迟到渠道结束之前，并配置客户所需的确切计算机数量。由于延迟，该渠道拥有的库存很少，这与行业其他部门形成鲜明对比，它通常将30~60天的库存预售加到渠道中。

直接向客户销售并按订单生产的制造商的退货率比同行业的其他公司低得多。这些公司的退货率约为5%，大约是其他同行的一半。一位接受采访的高管说："我们发出了100万台计算机。很快，大多数计算机就会被退回来。"按订单生产的模式与直接销售相结合，能够有效解决此问题。

接受本研究采访的直接制造商和零售商发现，他们的大部分退货是由于质量问题。通过传统经销商渠道销售计算机的制造商的大部分退货是营销退货，计算机没有卖出去，所以通过渠道返回给制造商。直接制造商的零售商比传统竞争对手具有明显的优势，因为他们的退货率低。此外，直销商认为大多数用户的技术水平更高，因此不太可能将无缺陷的机器退回计算机制造商。接受采访的一家传统公司表示，将近一半的质量问题退货实际上是使用方式不对。每个公司的业务模式都决定了逆向物流的运作方式。

在撰写本书时，一家刚开始采用按订单生产制造模式的计算机制造商就用廉价的计算机充斥了市场。用这些机器填满渠道后不久，它改变了退货和价格保护规则。该公司决定不允许任何开箱或未开箱退货，并且将有缺陷的退货限制为上一季度经销商购买量的1%，无缺陷的退货应以全价退还给客户。该制造商竞争对手之一的主管与研究团队讨论了这一政策。“这是一个有趣的概念。首先，向渠道充斥了过多的库存，然后宣布禁止退货。”显然，该政策是朝着使退货政策更加保守的方向迈出的第一步，并将更多的责任置于供应链的下游。此举和其他类似举措是否会成功还有待观察。

计算机制造商已经制订了回扣计划，以激励零售商减少退货。例如，一家制造商为零售商提供4%~7%的退货率回扣，如果该零售商的退货率少于1%，则返还2%~5%。

一些制造商已与再制造专业公司签约，以开发针对此问题的解决方案。这些公司将与制造商合作，评估退货、过量生产和陈旧的根本原因，并开发控制成本和退货率的方法。这些专业公司对机器进行测试、翻新、维修、重新包装，然后再转售。例如，一家公司提供特殊制造商的保修。同时，第三方可以充当制造商的服务中心。一些制造商还雇佣第三方来为自己没有服务能力的零售商进行保修维修和其他服务工作。这些措施都降低了退货率。

企业已经开始了解到，他们利润的最大部分来自产品生命周期的早期阶段。这些知识使正确的产品配置变得更加重要。接受采访的一家电子公司表示，在产品寿命的前四个月中，公司赚了140%的利润。这意味着，在产品生命周期的后期，即销售开始减少的情况下，该特定电子公司的利润实际上为负，这种情况并不罕见。与许多其他行业一样，在电子行业中，产品生命周期持续缩短。零售商意识到，他们必须快速通过供应链获取产品，将其放在货架上，然后在产品变得无利可图之前将其移走。因此，逆向供应链的部分工作将成为优先事项，而不是事后考虑。

6.2.1 墨粉盒

用于激光打印机的墨粉盒已经成为再制造领域的主要产品。最初，墨粉盒很难回收，但是随后制造商学会了如何使它们更易于拆卸和翻新。

佳能的“清洁地球运动”是第一个被称为逆向物流的知名计划。每售出一个新墨盒，客户都会收到一张邮寄标签，可以免费将其旧墨盒发送给佳能。该计划非常成功，佳能收到了许多硒鼓以进行再制造。

一个新的墨粉盒大约可以卖到 100 美元，翻新墨盒的价格将降低 25%。墨盒的再制造成本非常低，这使得墨盒的再制造成为非常有利可图的业务。

遗憾的是，对于制造商而言，墨盒如此容易再制造，其他人可以很容易地再制造墨盒。互联网上的公司公开打出广告出售工具包，其中包含启动家用墨盒再制造业务所需的必要工具和材料。

墨粉盒再制造业务已发展到包括 12000 家再制造商，42000 名工人，年销售额近 10 亿美元的规模。

考虑到所涉及的利润，许多公司现在宣传他们将为用过的碳粉盒支付 10 美元或更高的价格，就不足为奇了。原始墨盒制造商发现自己正在与这些再制造商竞争以取回自己的墨盒。一家墨粉盒制造商认为这是一个很大的问题，因此推出了一项计划，防止其客户将用过的墨粉盒出售给其他公司。客户没有收到将墨盒退还给公司的折扣，而是在购买时获得了“折扣”。作为回报，客户承诺不会重复使用、重新填充或再制造墨盒。很快，环保主义者和再制造行业迅速反对该提议。

6.2.2 软件产业

在软件行业，分销商正试图通过实现及时交付来减少零售商的退货。但是，零售商通常会高估需求，因为他们没有太多动机进行仔细的预测。软件制造商希望产品在零售商的货架上，并且经常同意填充渠道。一盒软件的成本比价格低。在一个极端的例子中，一家软件制造商与第三方签约，要求销毁一个软件产品的5000万份副本。虽然这个特定的制造商本来希望不要生产超过5000万元的产品，但该公司认为，高估好于低估。由于这些做法，软件行业的退货率徘徊在20%。此外，开发的软件越多，越会导致强制退货，因为这些产品的生命周期正在缩短。

由于风险低，一些零售商会接受在其他地方购买的软件。其他零售商，例如，Sears（西尔斯），正试图通过重新审查渠道关系来减少退货并提高库存周转率。这些零售商中的一些已经开始制定30天退货政策。

6.3 汽车行业

汽车工业是世界上重要的工业之一，涉及昂贵的消费品。因此，逆向物流问题长期以来一直是其考虑的因素，这不足为奇。在汽车行业中，逆向物流在三个主要领域中发挥着重要作用：

- 从报废车辆中提取有用的零件和材料；
- 对使用过的零件进行再制造；
- 从经销商手中获得退货以平衡经销商的库存。

本节仅集中于北美汽车行业。第5章对欧洲汽车工业进行了深入探讨。汽车工业还广泛使用可回收容器，该内容已在第4章中进行了讨论。

6.3.1 汽车的拆解

车辆达到使用寿命时，最终会到达汽车报废厂或汽车拆解商那里。在那里，对车辆的组件进行评估，可以按原样出售的处于正常工作状态的任何零件或组件都将被拆解和出售。其他组件，例如，发动机、交流发电机、起动机和变速器，总体上可能处于相当良好的状态，但是在将其出售给客户之前，需要进行一些翻新或重新制造。将所有可重复使用的零件从车辆上卸下后，可通过压碎或切碎回收其材料。切碎的金属通常会被回收，但是剩余的部分残渣无法回收。

每年，汽车回收商会处理超过1000万辆汽车。他们为废钢加工业提供了全国37%以上的黑色废钢。但是，在美国大约25%（按重量计）的汽车材料没有被回收。

汽车拆解后，剩下的非金属材料中大约有35%是塑料。为了减少垃圾填埋中塑料的数量，相关企业正在尝试许多替代方法。其中的一大问题是汽车是由许多不同类型的塑料制成的，识别每种类型的塑料都很困难。汽车制造商正在努力减少使用塑料类型的数量，并给零件加标签，以便于拆卸后更容易地进行分离。例如，福特将其指定的塑料等级数量从150减少到20。

为了提高汽车的可回收性，美国三大汽车制造商共同组成了汽车回收开发中心。汽车回收开发中心正在尝试学习如何制造易于拆卸的车辆，他们正在研究工程领域的新趋势之一，即拆装设计（Design For Disassembly，DFD）。

与其他举措不同，DFD 带来了许多意想不到的积极影响。通过减少零件数量、合理化材料和扣合组件（而不是化学键或螺钉），可以更轻松地拆卸产品。这些目标与其他制造策略非常吻合：全球采购、制造设计、并行工程和全面质量。

在计算机行业 DFD 的一个示例中，Siemens Nixdorf（西门子）于 1993 年推出的产品 PC41 包含 29 个零件，而 1987 年的 PC41 为 87 个零件。新机器可以在 7 分钟内组装好，然后在 4 分钟内拆解开。旧机器组装需要 33 分钟，拆装需要 18 分钟。

尽管美国有许多汽车残值经营者，但汽车材料供应商普遍认为，增加汽车回收利用的最大障碍是缺乏遍布全国的精密汽车拆解商网络。

6.3.2 再循环材料的应用

为了形成使用闭环，汽车制造商希望能够在其车辆中使用回收产品。但是，由回收材料制成的零件尚未广泛使用。当它们可用时，其成本可能会超过由原始材料制成的零件的成本。但是，福特在一种情况下发现，一旦考虑使用特定零件的所有成本，那么 100% 的回收零件实际上会更便宜。但是，并非每种情况都如此。因为汽车制造商认为消费者不会为使用回收零件制造的车辆支付额外费用，所以是否采用回收材料取决于其带来降低成本的比率。

汽车制造商正在这方面取得进展。例如，Chrysler（克莱斯勒）最近宣布了一项计划，该计划从汽水瓶中提取材料，并将其用于制造汽车车身的大面板。该汽车将非常轻巧，并且在这一点上能够满足除侧面碰撞标准之外的所有美国安全要求。

6.3.3 再制造

汽车工业可能是使用旧产品历史最长的行业。第二次世界大战期间新零件的短缺促进了汽车零件的再制造，汽车零件的回收再利用已经在该行业中持续了70多年。

根据汽车零件再制造商协会的数据，每年汽车再制造市场估计为340亿美元。其还估计，有12000家再制造公司涉足汽车零部件行业。涉及的公司很多，行业中也有许多大型公司。一家公司每年翻新超过400万台交流发电机、发动机和水泵。总体而言，单独备件市场上有90%~95%的发动机和交流发电机是经过重新制造的。

汽车制造商希望维护其零件的闭环系统。当车辆需要新的变速箱时，他们希望消费者将汽车带给经销商，经销商将用再制造的变速箱代替旧的变速箱。经销商会将旧的变速箱（现在称为变速箱“核心”）发送给汽车制造商以进行再制造。通过这种方式，汽车制造商将保持稳定的变速箱芯供应。

但是，对于汽车制造商来说，这种封闭系统存在很多漏洞。为了防止这种情况，经销商在收到再制造的零件时必须以核心费用的形式支付定金。当汽车制造商从经销商处获得变速箱芯时，将退还经销商的定金。

尽管做出了这些努力，但仍有许多部件没有进入逆向物流系统。造成这种遗漏的部分原因是，许多车主将自己的车辆带到汽车制造商系统之外的汽车维修店。然后，变速箱芯将转到维修店的供应商那里。

泄露的另一个原因可能是经销商自己。尽管经销商可能已为零件支付了核心费用，但他们仍可能愿意将其出售给另一家再制造商。

所有接受采访的汽车制造商都认识到这种遗漏是有问题的，并正在努力改善其逆向物流流程以消除该问题。例如，福特已经开始使用单一承运人来处理所有经销商核心的退货。福特经销商可以拨打一个电话来解决与核心退货相关的所有问题。

汽车零部件的再制造业务可能很困难。存在逆向物流的所有典型问题：不同产品的流量变化以及许多没有包装的产品，更不用说产品本身经常涂有油脂的事实。但是，一些再制造商已经开始使用条形码系统来跟踪进货产品以及这些产品在逆向物流流程中的前进过程。

6.3.4 经销商的零件退货

汽车制造商除了从经销商处收集核心外，还必须从经销商处收集新的、未使用的产品和有缺陷的产品。

汽车制造商希望他们能够确定经销商将在其库存中保留的零件的数量和类型。经销商作为独立的企业，自行决定要购买哪些零件。每年都会推出需要新零件的新车型。同时，行驶中的旧车数量减少了，这意味着这些车的零件不再需要保留在经销商的库存中。由于经销商的零件存储空间有限，因此他们需要从库存中移除较旧的零件，以便为较新的零件腾出空间。

许多汽车经销商都是家族式企业，资金来源有限，无法用于库存投资。他们通常不具备最先进的库存管理功能。清理零件库存、减少信贷额度、限制并提高客户满意度符合零件供应商的最大利益。

研究团队就零件退货问题采访了汽车制造商。为了帮助经销商保持当前零件的库存，汽车制造商允许经销商每年退还有限数量零件的全额款项。每个制造商的确切数量不同，但是计算方法相同：退回零件的价值不得超过经销商在该年度购买的新零件价值的百分之几（通常为4%~6%）。为了阻止经销商滥用该系统，一些汽车制造商允许经销商收取一张支票，以支配他们未使用的返还津贴的一定百分比。

将新零件交付给经销商的卡车通常也会取回退回的零件，然后将零件返回零件配送中心。零件到达零件配送中心时会发生什么情况取决于汽车制造商。在某些工厂，将检查零件以确保正确的零件在包装箱中，然后将零件放回架子；在其他机构，零件被放入新包装中，因此下一次收到该零件的经销商将无法得知该零件已退回。在一个配送中心，一个单独的100000平方英尺的设施用于此目的；在其他配送中心，则使用单独的重新包装承包商。

在一家汽车制造商中，经销商对接收退回零件非常抵抗。如果经销商收到零件并怀疑先前已将其退回，则经销商将会立即将零件寄回。因此，即使不尝试重新包装零件，也要销毁所有以相当高的金额支付的零件，并将其送到垃圾填埋场。

6.4 零售行业

在巨大的竞争压力下，零售业已使用退货政策作为竞争武器。压力越大，解决方案就越创新。在零售业中，压力确实是“发明之母”。

杂货零售商率先开始将注意力集中在退货问题上，并发展逆向物流创新。他们的利润微薄，因此良好的退货管理至关重要。杂货零售商首先开发了召回中心这样的创新举措。

相应的，召回中心导致建立集中的退货中心。正如第2章中详细介绍的那样，实施集中退货为大多数企业带来了可观的收益。

在过去的几年中，零售商不断合并，大型零售连锁店一统天下。这些大型零售商在供应链中的力量比几年前更大。通常，大型零售商比制造商要强大得多。很少有制造商可以对沃尔玛或凯玛特等大型零售商制定政策。如果制造商不接受退货，大型零售商不太可能轻易接受这些条款。在某些特殊情况下，零售商会为他们认为无法用类似产品替代的制造商产品提供补贴。

与制造商相比，退货对零售商利润的影响要大。退货将零售商的利润降低了4.3%，制造商降低利润略低，为3.8%。

调查受访者被问到如何处理退货。平均而言，零售商比制造商更频繁地使用集中式退货设施处理退货。调查还发现零售商更有可能将退货出售给经纪人或类似实体。他们比制造商更不可能进行再制造或翻新。制造商比零售商更擅长制造，这似乎是合乎逻辑的。与零售商相比，制造商更有可能回收或掩埋退回的材料。在资产追回计划方面，零售商似乎比制造商更先进。对于其他处置选项，例如，按原样转售、重新包装或捐赠，零售商的反应与制造商非常相似。

在表6-2中，比较了零售商和制造商之间的处置选项。

表6-2 零售和制造部门用于逆向物流处理的技术比较

处置方式	零售商	制造商
发送到集中处理中心	29.2%	17.7%
照原样转售	21.4%	23.5%
重新包装并作为新产品出售	20.5%	20.0%
再制造/翻新	19.9%	26.7%

续 表

处置方式	零售商	制造商
卖给经纪人	16.8%	10.1%
在直销店出售	14.5%	12.8%
材料回用	14.1%	22.3%
堆填掩埋	13.6%	23.8%
捐赠	10.6%	11.8%

从访谈和问卷调查都可以看出，零售商已经在技术方面进行了较大的投资，以改善其逆向物流系统。实际上，在几乎所有技术类别中，制造商都落后于零售商。制造商和零售商之间的这种差异似乎并不存在于运营的所有方面。

采用自动化物料搬运系统的零售商几乎是制造商的两倍。零售商也更有可能使用条码、计算机化的退货跟踪，计算机化的退货条目、电子数据交换（Electronic Data Interchange，EDI）和射频技术（Radio Frenquency，RF）来增强其逆向物流管理。表6－3列出了逆向物流技术采用的比较。

表6－3　零售和制造部门用于辅助逆向物流处理的技术比较

技术	零售商	制造商
自动化物料搬运设备	31.1%	16.1%
条码	63.3%	48.7%
计算机化的退货追踪	60.0%	40.2%
在供应链末端的位置进行计算机化的退货输入	32.2%	19.1%
电子数据交换（EDI）	31.1%	29.2%
射频技术（RF）	36.7%	24.6%

6.5 结论

逆向物流实践根据行业和渠道位置而异。退货占运营成本很大一部分的行业往往拥有更好的逆向物流系统和流程。在图书行业中，最近几年行业结构发生了巨大变化，退货是盈利能力的重要决定因素；在生命周期几乎与食品、杂货生命周期一样短的计算机行业中，迅速处理和处置退货已被视为关键的战略变量。成功的零售商了解有效管理逆向物流将对其收益产生积极影响。那些不必花费大量时间和精力来解决退货问题的行业，也正在尝试进行重大改进。现在，逆向物流比以往任何时候都更加重要。

7 未来趋势和结论

显然，将来会有更多的企业对逆向物流投入大量精力。许多企业直到最近才意识到逆向物流的重要性，但还没有意识到逆向物流可能发挥的战略性。

为了降低逆向物流的成本，企业需要集中精力改善逆向物流流程的以下几个方面：

- 改进守门技术；
- 退货额度配额；
- 早期处置决策；
- 处理速度更快，周期时间更短；
- 更好的数据管理。

减少逆向物流流程成本的简单方法之一是减少订购的产品数量。这包括两个方面：一是应防止不属于流程的产品进入；二是一旦产品进入生产流程，应尽快处置它们。

7.1 减少逆向物流中的物料

为了减少进入逆向物流系统的产品流，可以使用许多新技术来确保进入逆向物流的每种产品都是必需的。

7.1.1 产品生命周期管理

好的逆向物流管理可以被视为产品生命周期管理的概念的一部分。将来，领先的企业可能会开始强调整个产品生命周期的管理。产品生命周期管理的概念意味着企业至少部分基于产品在生命周期中的位置提供适当的物流和营销支持。

产品生命周期概念的核心是所有产品都有有限的寿命，并且会经历各个阶段。通常，类似活的生物，产品生命周期曲线在产品的生命期间分为四个不同的阶段。这四个阶段是引入、增长、成熟和下降。在引入、增长、成熟阶段，产品需求量会增加。随着产品的生命周期不断走向成熟，销售额趋于稳定并开始下降。在下降阶段，销量减少，产品产生的利润减少。

处于生命周期各个阶段的产品需要不同类型的管理和支持。引入阶段所需的物流管理与产品成熟时的支持要求大不相同。此外，产品寿命结束时所需的供应链管理与其他阶段也不一样。

产品生命周期在不同的产品和行业也有区别。这只是一种思考方式。但是，一旦产品越过了引入期和成长期，就很难确定其在生命周期中的位置，该企业必须寻找需求转折点，这些只有在企业清楚了解过去的历史和市场的情况下才能发现。

但是，许多企业的市场营销和物流组织只将重点放在产品生命周期的早期和中期。在早期阶段，物流和营销组织的任务更加清晰。产品的推出、数量的增长以及与生命周期的这些部分相关的支持是他们的主要关注点。有时，对于一家企业而言，很难承认某种产品已经“寿终正寝”。之所以推迟做出决定，是因为该企业认为可以为产品注入更多的生命力。销售和营销组织可能试图掩盖销量的下降。他们可能认为产品销量的下降意味着他们的工作不得力。

随着产品使用寿命的临近结束，持有库存的成本增加。存货的持有成本包括占用的货币成本、保险、税金、价值缩水、仓储费用和过时的机会损失。产品经历了生命周期的整个阶段并达到其销售寿命的尽头，过时的成本将从非常低的百分比增加到100%。与产品相关的仓储成本也将继续累积。这意味着企业不能在产品的整个生命周期中仅使用一种存货成本来计算。在图7－1中，展示了一个存货账面成本的情况，是Costs库存驱动的持有成本展示。

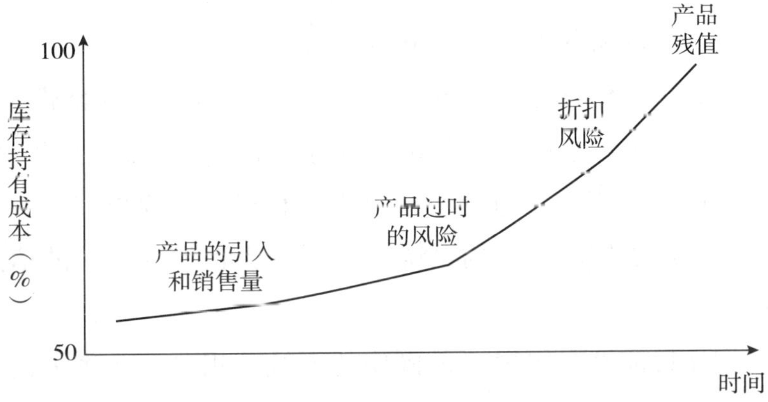

图7－1 Costs库存驱动的持有成本

产品生命周期的尽头与开始时一样，对产品进行管理同样重要。从图7－1中可以看出，在产品生命周期结束时进行良好的库存管理比在开始阶段进行管理更为重要。

在产品使用寿命结束时，它很可能会进入逆向物流领域。良好的逆向物流是产品生命周期管理的关键。随着生命周期超过销售周期，该企业需要开始利用良好的逆向物流运作来清理渠道，为产品生命周期的结束制订计划，并考虑生命周期的其他阶段。如果一家企业可以在产品生命周期的末期计划许多管理要素，而不仅仅是对过期的库存做出较迟的反应，那么从产品中获得的总利润将会更大。

7.1.2 信息系统

为了更好地处理逆向物流，企业将需要改进其逆向物流信息系统。如第 2 章所述，逆向物流环境与正向物流的差异足够大，以至于为正向物流开发的信息系统通常不能很好地用于逆向物流。

大多数退货流程都需要大量纸张。这些流程的自动化很困难，因为逆向物流流程有很多例外。逆向物流通常是同一企业跨部门的协作的过程。开发跨界的系统会增加问题的复杂性。为了运作良好，逆向物流信息系统必须具有灵活性。

信息系统应包括有关重要逆向物流度量的详细信息程序，例如，商店合规性、退货率、回收率和退货库存周转率。显然，某些用于控制退货的系统将需要大大扩展和改进的信息系统。

即使目前没有实现这样操作的系统，相关企业将来也会开发更好的逆向物流信息系统。对于许多企业而言，当前的信息系统不允许他们监控其退货状态。

此外，有用的工具，例如，射频技术（RF）也很有帮助；二维条码和射频识别牌照（RFID）之类的创新可能很快就会普及。

7.1.3 守门技术

为了提高管理效率，一线员工需要掌握关于允许哪些产品进入逆向物流流程的良好信息，完成这项任务并不容易。之所以变得更加困难，是因为许多做守门决策的一线员工通常都是经验不足的、薪水最低或接近最低的员工。因为零售商不愿为这些员工提供大量培训，所以员工流失率往往很高。当然，进行更多的培训可以改善守门管理，但是持续、大量的培训难以具有成本效益。

向守门人提供高水平的培训是不可行的，许多制造商都试图通过提供参考材料供员工在退货时遵循的方式来“保证”退货过程。这些材料将使员工知道可以退回哪些产品，购买后需要多长时间以及产品应包括哪些零件。例如，对于VCR（录像机），员工应确保VCR、遥控器和数据线均存在，并且遥控器与VCR匹配。为了改善零售商的退货处理，负责的制造商可能会放一个活页夹，概述每个产品应包含的每个零件。

但是，由于产品变化，这些经过深思熟虑的材料通常在印刷后的几个月或几周内就已过时。这些材料面临的最重大问题是它们的纸张消耗量很大。想象一下在典型的退货柜台的情况：六家或六家以上的制造商已将自己的三环活页夹发送到商店的退货柜台，然后定期进行更新。很快，退货台里堆满了材料，没有员工知道这是什么，也不知道哪些材料已经过时或最新。员工不会通过烦琐的程序和政策来整理，而是忽略它们。

7.1.4 基于网络的守门

如第2章所述，一些零售商正在对网络守门系统进行投资。一种看似有希望的解决方案是互联网或互联网网页，该网页可指导员工完成每种产品的退货流程。当客户退回产品时，员工将扫描产品上的 UPC 条码。计算机系统会向制造商的系统询问特定产品的退货程序，这时会出现一个网页，该网页引导员工完成该产品的退货流程。

再次以 VCR 为例，在员工扫描 VCR 的 UPC 代码后，将出现一个带有图片和产品简短说明的网页，询问员工 VCR 是否与屏幕上显示的产品匹配。如果不匹配，员工可以从下拉菜单中选择合适的产品。该页面将包含应该出现的所有附件的图片。除了 VCR 本身，还有遥控器的图片和数据线的图片。

零售商和制造商在当前研究中反复提到的一个问题是，员工不理解配件的重要性。如果某些关键配件丢失，某些制造商将不允许退货，或仅提供部分退款。零售商可能已为客户提供了退回的 VCR 的全额退款，但由于没有关键配件，因此只能从卖方那里获得 50% 的退款。

基于这个原因，制造商和零售商都表示，他们希望能让员工知道如果缺少某些配件会给商店带来多少损失。

例如，在 VCR 的遥控器和数据线的图片旁边，网页可以列出零售商缺少这些物品中的每一个的成本。这会使员工意识到每个组件的重要性。某些组件的成本可能高于其他组件。例如，丢失的遥控器可能会使零售商损失 5 美元，而数据线丢失的成本为零。

7.1.5 电子数据交换

另一个重要技术是电子数据交换（EDI）。尽管这项技术不是新技术，但研究中包括的大多数企业尚未完全采用 EDI。尽管组织中的许多流程可能是自动化的，但很难调配资源来实施企业可能希望拥有的所有 EDI 交易集。显然，对于大多数企业而言，逆向流程并不是最早采用和实施的流程。

7.1.6 销售点注册

在某些情况下，制造商愿意在首次购买后的有限时间内接受客户的退货。如果零售商在此期限到期后尝试将产品退还给制造商，则制造商将不给予零售商退款。在这种情况下，零售商需要确切知道这些产品是何时购买的。

可以提供此信息的技术是销售点（Point of Sales，POS）注册。在 POS 注册系统中，零售商在销售时会扫描产品的序列号。零售商以电子方式将序列号和销售日期发送给制造商。制造商保留序列号，销售日期和销售产品的商店的名称。当客户以后尝试退回产品时，零售商会致电制造商以了解产品是否在保修期内。

如果实现了基于网络的上述退货系统，则此功能可以包含在网页中。员工扫描产品的 UPC 之后，将显示一个网页，指示员工扫描产品的序列号。该网页访问数据库，并告诉员工是否在零售商的商店购买了该产品，以及是否有可能退掉该产品。

这样的系统消除了大部分不正确退货的产品。在所描述的情况下，制造商为每种注册的产品向零售商支付 50 美分。显然，该系统对制造商来说要付出一定的代价。除了注册产品的成本外，制造商还必须承担开发和实施这种系统的可观成本。

尽管这样的系统成本很高，但对于某些产品而言，其好处可能是巨大的，尤其是生命周期短的高价值产品。当产品的生命周期短时，客户可能会更有动力尝试在授权的保修退货期限之后退货。发布产品的新版本时，许多客户希望将旧版本换为新版本。如果自购买以来制造商授权退货的时间过长，某些客户将尝试滥用退货系统。新版本产品发布的频率越高，客户滥用系统的动机就越大。此外，产品的价值越高，客户滥用该系统的动机就越大。

7.1.7 与滥用退货的行为斗智斗勇

POS注册只是技术的一个示例，随着零售商和制造商联合起来打击滥用退货的行为，将来可能会更广泛地使用该技术。显然，当消费者欺诈性地退还产品时，制造商和零售商都会遭受损失。尽管制造商和零售商在许多问题上往往处于相反的立场，但与退货滥用作斗争是双方的共同工作。

7.1.8 射频识别（RFID）

跟踪逆向物流产品的位置和去向可能会非常耗时。许多产品没有原始包装，或者包装可能被损坏。在这种情况下，很难使用RF扫描仪通过逆向物流流程跟踪产品的移动。

射频识别（RFID）是一种相对较新的技术，在某些情况下可能会证明是有益的。传统识别产品的典型方法是被动的，为了知道是否存在特定产品，重要方法是走进仓库并查看是否存在。相比之下，RFID是一种更为主动的识别形式。每个产品中都安装了一个非常小、能耗非常低的无线电发射器，可以发射非常微弱的信号。尽管尺寸很小，但RFID“标签”包含可以发出信号多年的电池，且信号足够强，可以被仓库中的接收器捕获。每个产品可以发送不同的信号。可以建造1000万台计算机，并在每台计算机中安装一个RFID“标签”，并且每台计算机可能具有不同的信号。

有两种使用RFID的方式：被动方式和主动方式。在被动RFID中，仓库入口处的“哨兵”记录了每种产品进入仓库时的标识。然后，其 ID 在离开建筑物时也会被注册。任何已进入但尚未离开建筑物的物品都必须仍在仓库中。在主动 RFID 中，接收器遍布整个仓库。为了确定仓库中是否有特定的物品，接收者会查看是否收到了产品的信号。如果使用三角测量法检测到以上接收器接收到该产品，则可以确定产品在仓库中的位置。

使用 RFID 协助管理退回的计算机可能是一个不错的选择。在制造时将 RFID 标签贴在机器上会消除相应的错误，并有助于计算机的生命周期管理。

在调查中，我们发现一家公司开发了一种 RFID 系统，该系统可同时读取托盘上各种纸箱中包含的多个被动标签。它的系统扫描多个物品，而无须将其拆箱。对于某些产品，可以将 RFID 标签放置在电路板上或嵌入计算机的塑料外壳中。

RFID 具有以多种方式辅助逆向物流运作的潜力。如上所述，这可能有助于跟踪仓库中的产品。另一种可能有益的方法是守门。RFID 标签可用于记录产品销售时的 ID，并且此信息对于确定接受哪些产品进行退货很有用。

7.1.9 二维条码

二维条码是另一种为逆向物流业务带来希望的技术。二维条码方案（如 PDF417 或 MaxiTrac）允许用户在条码中嵌入比一维系统（如 UPC）更多的信息。一维系统包含一个数字或代码，必须由计算机翻译并与计算机内部已存在的信息匹配。使用二维条码系统，条码可以不仅包含代码，而且可以包含描述和其他文本，信息可以足够多。

所需的信息可能无法适应一维条码的限制。一维条码方案的这种局限性可能意味着，对于逆向物流应用，诸如 RFID 或二维条码之类的新技术将成为规则而不是例外。

7.1.10 数据采集

使用刚刚描述的改进的产品跟踪技术，以及用于监视这些产品流的改进的信息系统，企业将可以获得有关其逆向物流流程的更多信息。有了更多可用的信息，企业将面临的挑战是如何有效地利用它们。

在前面的章节中，给出了使用逆向物流系统监视其产品质量问题的企业的许多示例。通过跟踪产品的退货数量，企业可以了解到异常多的退货数量，并采取适当的措施。

7.1.11 逆向物流设计

一些企业已经开发了一些程序来设计易于制造的产品，即制造设计（Design For Manufacture，DFM）。其他企业则设计了一些项目以更有效地流经供应链，即供应链管理设计（Design For Supply Chain Management，DFSCM）。在不久的将来，也许更多的企业将开始考虑设计用于逆向物流管理的产品。此想法的术语我们建议为“逆向物流设计”（Design For Reverse Logistics，DFRL）。

在某些情况下，企业已经在产品中设计了逆向物流功能（例如，第2章中提到的任天堂的可扫描透明窗口）。大多数直接零售商都设置了地址标签，以便客户可以轻松地将产品运回。佳能和施乐等一些公司希望从废旧的复印机和打印机墨盒中回收更多价值，并鼓励消费者在购买新墨盒时退还空墨盒。DFRL将逆向物流需求设计到产品和包装中，它将逆向物流需求和对环境的关注整合到产品和逆向物流链中。

7.1.12 部分退款

一旦建立了退货信息系统，企业就可以更精确地确定客户应获得的退款额度。零售商可以选择只给客户部分退款，而不是给客户全额退款并承担丢失的配件的费用，让客户对丢失的配件的费用负责。

部分退款提供了有益的中间立场，而不是强迫员工在接受或拒绝产品获得全额退款之间做出选择。如果员工完全拒绝接受产品，而客户实际上丢失了缺少的组件，则客户可能会很生气。允许员工使用其他选项来减少客户的退款可能是更可取的选择。

部分退款将给客户强烈的动力，以确保退回的产品实际上是完整的，这也将减少零售商的退货成本。

无论零售商是否实施了这样的先进系统，改善负责守门人员的可用技术将是降低逆向物流成本的重要因素。

7.2　管理逆向物流中的产品流

一旦产品被允许进入逆向物流系统，企业就必须管理这些产品的流向，以最大限度地减少对利润的净影响。

7.2.1　流程标准化

研究团队在当前逆向物流系统中观察到的常见困难之一是整个组织缺乏流程标准化。如果流程未标准化，则组织中的人员很难相互交流如何处理逆向物流问题。

良好的逆向物流流程从零售商店开始，方法是简化退货政策和程序。这些简化的政策和程序应减少用于退货处理的人工时间。由于简化，还应作出更高质量的决策。

如本书前面所述，由于多种原因，逆向物流在许多企业中通常不是优先考虑的领域。将来，企业将越来越认识到逆向物流的战略重要性，这将促使更多的企业资源用于改善逆向物流流程。

许多企业已经发现，通过其所有流程的标准化，可以优先获得 ISO 9000 认证。尽管许多企业可能不选择使其逆向物流流程获得 ISO 认证，但是随标准化带来的好处日益增多，许多公司将越来越重视标准化。

7.2.2　集中退货中心

如第 2 章所述，已实施 CRC 的研究受访者一致认为，使用单独的 CRC 有很多好处。在 CRC 中，员工要处理的产品量比零售商店中经手的要多得多，这使员工可以发展专业领域，也可以使企业极大地受益。

所列举的许多好处包括这使得退货处理人员可以只专注于退货。如果要求工作人员同时负责正向和逆向配送，“为两个主人服务”，效果并不好。由于 CRC 与正向配送的分开并不是在物理上的，而是控制权的分开，所以可能造成混乱。

将来，企业将继续受益于分开控制前向和逆向通道。但是，企业也应该了解如何处理 CRC 中的退货，而 CRC 的物理位置可能与正向配送相同。这使企业可以将 CRC 放置在最佳地理位置，而不管是否存在正向配送。

7.2.3　第三方

20 世纪 80 年代和 90 年代的主要物流趋势是将物流本身视为一个领域。当企业分析其核心竞争力时，许多人意识到他们缺乏在内部执行某些职能的专业知识、技能和经验。将来，许多企业可能会确定逆向物流属于最好的外包活动类别。

企业将意识到，有效地处理逆向物流并从二级市场获得最大收益是专业技能。30 年前，许多企业从未考虑过将其分销业务外包，现在他们发现可以通过使用第三方物流提供商来显著降低成本。将来，许多相同的企业可能会对逆向物流活动得出类似的结论。

7.2.4 二级市场

将来，企业可能会发现自己与二级市场中的合作伙伴将更加紧密地合作。当前的物流范式是将物料从工厂转移到成品配送中心，然后再转移到商店，这种方式将扩展为包括将库存转移到二级市场的许多方式。

在过去的十年中，直销店已从总销售额的一小部分上升到更大的占比。如第 3 章所述，直销店最初的构想是处理未售出或退回的商品。随着直销商店的增长，需要大量的产品来保持这个新渠道的库存充足。作为回应，许多企业开始生产专门针对直销店市场的产品。

我们很难预测二级市场的未来，但从所有迹象看，它将继续增长。随着二级市场的增长，一些制造商一旦离开“A”级渠道，将采取措施加强对产品后续的控制。

7.2.5 基于网络的二级市场

货物处置的一种趋势是使用互联网。虽然在撰写本书时，互联网的使用受到限制，但将来它仍将成为逆向物流中一个重要的机制。

网络提供了与消费者的直接链接。通过消除几个中间步骤，基于互联网的供应链可以比典型渠道更有效。当销售的产品已进入逆向物流时，此种高效性就非常有用了。

一些产品通过网络拍卖以电子方式出售给二级市场。网络拍卖允许消费者对产品进行出价，直到预设的关闭时间为止，使收入最大化的同时实现商品的清算。通常，拍卖网站提供一些商品，并允许消费者对其进行出价。通过拍卖机制提供这些商品，而不是以固定价格出售这些商品，这意味着客户将把价格出价到需求满足供应的平衡点。网站会保留一些产品，当天只投放有限产品，这会鼓励消费者提价购买。

网络提供了一种快速反馈机制，以告知企业该产品是否存在有利可图的市场。如果产品在网络拍卖中表现不佳，则应该选择其他处置方式。

网络拍卖的一个局限性在于，只有具有网络访问权限的消费者才能使用它们。随着互联网使用量的增加，此问题将减少。当前，可通过网络获得的二级市场商品大部分与计算机有关。

7.2.6　零退货

如第2章所述，许多企业正在尝试零退货计划。在零退货计划中，一旦产品售出，制造商便不再拥有产品。零售商负责按照制造商的规定处理产品，作为回报，零售商将收到一笔付款，用于偿还退回商品的费用和处置产品的成本。通过消除处理退货的需要，制造商期望节省足够的成本，以抵消向零售商支付的成本。

在某些零退货计划下，无论退货率有多高，商店始终会获得一定百分比的销售退款。如果退款额度为6%，而实际退货率仅为2%，那么零售商会很高兴，因为它仍然获得6%的退款额度。如果情况相反，则将信用额度设置为2%，而将收益率设置为6%，则零售商将亏损。该计划的目的是将信用额度设置得足够高，使其超过零售商所获得的平均退货量。但是，鉴于大型零售商链所拥有的力量，在这种情况下，制造商可能很难与零售商抗衡。

遗憾的是，许多企业对退货保持宽松的控制，所以缺乏对零退货计划的控制。一些制造商指责零售商两次抄底，向制造商收取销毁产品的费用，然后悄悄将产品从后门出售给二级市场公司。

7.2.7 逆向物流策略

根据制造商产品的生命周期和产品的价值，企业将发现需要上述策略的不同组合才能有效地处理其退货。

对于生命周期短的高价值产品，例如，计算机、视频游戏机和便携式摄像机，POS 系统可能是零售商和制造商降低欺诈性退货成本的非常有效的方法。但是，POS 注册的费用可能使许多项目难以以这种方式进行管理。例如，跟踪单个低成本商品（如牛仔裤）的成本可能很高，从而使利用 POS 系统不划算。

7.2.8 流程改进

在尝试改善逆向物流流程时，企业可以从多个维度行动。表 7－1 列出了逆向物流管理的关键要素。

表 7－1　　　逆向物流管理的关键要素

- 守门
- 压缩处置周期时间
- 逆向物流信息系统
- 集中退货中心（CRC）
- 零退货
- 再制造和翻新
- 资产追回
- 谈判
- 财务管理
- 外包业务

7.3 结论

尽管世界上大部分地区对产品的逆向物流还不太在意，但许多企业已经开始意识到逆向物流是其业务的重要组成部分，且通常是战略性组成部分。在本研究进行的整个过程中，发现了许多逆向物流对利润产生重大影响的例子。专注于改善企业逆向物流流程的聪明的经理人赚了很多钱，也省了不少钱。显然，虽然有时被嘲笑为“垃圾”，但仍可以经济有效地回收很多价值。尽管有效地处理和处置退货产品不是企业竞争的主要渠道，但它却可以带来竞争优势。

参考资料

Chapter 1

1. Bob Delaney, *Ninth Annual State of Logistics Report*, St. Louis, MO: Cass Logistics, 1998.

2. Automotive Parts Rebuilders Association, *Rebuilding/Remanufacturing: Saving thc World's Environment*, Fairfax, VA: Automotive Parts Rebuilders Association, 1998.

3. Lee, Louise, Without a Receipt, You May Get Stuck With That Ugly Scarf, *Wall Street Journal*, November 18, 1996, sec. 1, p. 1.

4. Annette Spencc, "Hannadowns," *Sky Magazine*, May 1998, pp. 107 – 111.

5. Richard L. Dawe, "Reengineer Your Returns," *Transportation and Distribution*, August 1995, pp. 78 – 80.

Chapter 2

1. Martijn Thierry et al., "Strategic Issues in Product Recovery Management," *California Management Review* 37, no. 2, Winter 1995, pp. 114 – 135.

2. Ibid.

Chapter 3

1. "Outlet Malls: Do They Deliver the Goods?" *Consumer Reports*, *August*, 1998, pp. 20 – 25.

2. Ibid.

3. Interview with Herb Shear, GENCO Logistics System, Pittsburgh, PA, March 20, 1997.

Chapter 4

1. Edward A McBean, Frank A. Rovers, and Grahame J. Farquhar, *Solid Waste Landfill Engineering and Design*, (Englewood Cliffs, New Jersey: Prentice Hall, 1995).

2. Ibid.

3. Ibid.

4. Walter H. Corson, *The Global Ecology Handbook*, (Boston: Beacon Press, 1990).

5. O. P Kharbanda and E. A. Stallworthy, *Waste Management: Towards a Sustainable Society*, (New York: Auburn House, 1990).

6. Environmental Protection Agency, *Characterization of Municipal Solid Waste in the United States*: 1994 *Update Executive Summary*, (Washington, D. C.: U. S. Environmental Protection Agency, Nov. 1994).

7. Environmental Protection Agency, *List of Municipal Solid Waste Landfills*, (Washington, D. C.: U. S. Environmental Protection Agency, 1995).

8. Ibid.

9. Environmental Protection Agency, *Municipal Solid Waste Fact Book—Internet Version*, (Washington, D. C.: U. S. Environmental Protection Agency, 1997).

10. Environmental Protection Agency, *Characterization of Municipal Solid Waste in the United States*: 1996 *Update*, (Washington, D. C.: U. S. Environmental Protection Agency, 1996).

11. Pennsylvania Department of Environmental Protection, *Average Landfill Tipping Fees for Municipal Solid Waste in Pennsylvania*, (Harrisburg, PA: Pennsylvania Department of Environmental Protection, 1996).

12. Jeff Bailey, "Arizona has Plenty of What Oceanside Needs and Vice Versa: So a Swap is Arranged—Sand to Spread on the Beach For Loads of Garbage," *Wall Street Journal*, March 4, 1997, sec. 1, p. A1.

13. Ibid.; and Mark Lifsher, "Ward Valley Waste Dump Isn't Economical or Needed, Study Says," *Wall Street Journal*, December 3, 1997.

14. Stacy Kravetz, "These People Search for Cup That Suits the Coffee it Holds," *Wall Street Journal*, March 24, 1998, sec. 1, p. A1.

15. David Wallechinsky and Irving Wallace, *The People's Almanac* (New York: Doubleday & Company, Inc, 1975), p. 917.

16. William Rathje and Cullen Murphy. *Rubbish*: *The Archaelology of Garbage*, (New York: Harper Collins, 1992).

17. EPA Fact Book, 1997.

18. Institute of Scrap Recycling Industries, *Recycling*: *The Economically and Environmentally Intelligent Alternative to Land-*

filling and Incineration, (Washington, D. C. : Institute of Scrap Recycling Industries, 1998) .

19. EPA Fact Book, 1997.

20. Edward A. McBean, et al.

21. EPA Fact Book, 1997.

22. California Integrated Waste Management Board, *Solid Waste Landfilling Data*, (Sacramento, CA: California Integrated Waste Management Board 1997) .

23. EPA Fact Book, 1997.

24. Ibid.

25. Robert Steuteville, Nora Goldstein, and Kurt Grotz, "The State of Garbage in America," *BioCycle*, 34, June 1993, pp. 32 – 37.

26. Ibid.

27. Brian Cunningham and James R. Distler, "Reverse Logistics Shock," in Council of Logistics Management, *Annual Conference Proceedings*, (Chicago, IL: Council of Logistics Management, 1997), pp. 423 – 426.

28. Advanced Recovery, *CRT Recycling*, (Belleville, NJ: Advanced Recovery, 1998) .

29. Cheryl L. McAdams, "Resurrecting the Computer Graveyard," *Waste Age*, Feb. 1995.

30. Steve Lohr, "Recycling Answer Sought for Computer Junk," *New York Times*, April 14, 1994.

31. Steueteville, et al. , p. 34.

32. National Wooden Pallet & Container Association, *Recycling Solutions for Pallet Disposal*, (Arlington, VA: National

Wooden Pallet & Container Association, 1996).

33. Raymond Communications, *Transportation Packaging and the Environment*, (College Park, MD: Raymond Communications, 1997).

34. Minnesota Mining and Manufacturing Corp., *3M Gives Business an Eco – Advantage*, (St. Paul, MN: Minnesota Mining and Manufacturing Corp., 1997).

35. Raymond Communications, 1997.

36. Diana Twede, "Do Returnable Containers for Large Finished Goods Make Sense? Returnable Packaging Considerations" in Council of Logistics Management, *Annual Conference Proceedings*, (Orlando, FL: Council of Logistics Management, 1996), pp. 585 – 587.

37. "Consumer Polystyrene Recycling Faces Challenges," *State Recycling Laws Update*, Oct. – Nov. 1997, p. 6.

38. Ibid.

39. Ebora Vrana, "EarthShell IPO: Will Investors Contain their Enthusiasm?," *Los Angeles Times*, March 13, 1998, sec. 2, p. B1.

40. Ibid.

41. Amy Zuckerman, "Recyclable Containers: Recycling Packaging Materials Became a Trend 'Because it Costs so Much More to Take Out the Garbage'," *Traffic World*, February 17, 1997.

42. A. R. van Goor and D. C. Loa, *Research on the RVT Supply Chain Model for Dry Grocery Goods*, (Amsterdam: Amsterdam Free University, Faculty of Economic Science and Business Ad-

ministration, Department of Logistics, 1995).

43. Gary A. Davis, Catherine A. Wilt, Patricia S. Dillon, and Bette K. Fishbein, "Extended Product Responsibility: A New Principle for Product – Oriented Pollution Prevention." (Washington, D. C.: U. S. Environmental Protection Agency, Office of Solid Waste, June, 1997).

44. Ibid.

45. Steueteville, et al., p. 35.

46. Colleen Mizuki, et al., *Electronics Industry Environmental Roadmap: Electronics Products Recycling Study*, (Austin, TX: Microelectronics and Computer Technology Corporation, 1996).

47. Microelectronics and Computer Technology Corporation, *The University of Texas and MCC Collaborate to Develop Comprehensive Plan for Electronics Products Recycling*, (Austin, TX: Microelectronics and Computer Technology Corporation, 1997).

48. "Results from Residential End – of – Life Electronics Collection Pilots are Forthcoming," *EPR2 Update*, [Washington, D. C.: The Electronic Product Recovery and Recycling Project of the Environmental Health Center, a division of The National Safety Council], Winter, 1998.

49. *Wall Street Journal*, "Business Beat: Big Blue Goes Green," July 10, 1997, sec. 1, p. A1.

Chapter 5

1. Duales System Deutschland, *Why do Companies Become Licensees of the Dual System?*, (Cologne, Germany: Duales System

Deutschland AG, 1997).

2. Frank Ackerman, *Why do We Recycle?: Markets, Values, and Public Policy*, (Washington, D. C.: Island Press, 1997).

3. Ibid., 1998.

4. Duales System Deutschland, *Packaging Recycling: Techniques and Trends*, (Cologne, Germany: Duales System Deutschland AG, 1998).

5. Ibid.

6. "German Packaging Recovery Rate up in 1997," *Environment Daily*, [London], May 25, 1997.

7. Robert Steuteville, Nora Goldstein, and Kurt Grotz, "The State of Garbage in America," *BioCycle*, 34, June 1993, p. 33.

8. Ackerman.

9. Steueteville, et al., p. 35.

10. Ackerman.

11. Ibid.

12. Matthew Gandy, *Recycling and the Politics of Urban Waste*, (New York: St. Martin's Press, 1994).

13. Ackerman.

14. Gandy.

15. Raymond Communications, *Getting Green Dotted: The German Recycling Law Explained in Plain English*, (Riverdale, MD: Raymond Communications, 1998).

16. "German Packaging Recovery System Challenged," *Environment Daily*, [London] May 5, 1998.

17. Raymond Communications, *Transportation Packaging and the Environment*, (College Park, MD: Raymond Communica-

tions, 1997).

18. Andreas von Schoenberg and Sascha Kranendonk, *DSD: Industry – run Packaging Waste Reduction System* (Wuppertal, Germany: Wuppertal Institute, 1995).

19. "TV's Too Expensive to Collect, Study Finds," *Recycling Laws International*, Sept. 1997, pp. 5 – 6.

20. "Progress Made on EU Electronics Waste Plan," *Environment Daily*, [London] April 28, 1998.

21. "EC Moves on Electronics Waste Directive," *Recycling Laws International*, Sept. 1997, p. 5.

22. *Environment Daily*, "Progress Made on EU Electronics Waste Plan."

23. "Electronics Recycling Discussed by EU States," *Environment Daily*, [London] May 27, 1998.

24. "Firms Criticize Draft EU Electrical Waste Law," *Environment Daily*, [London] June 23, 1998.

25. "EU Retailers Oppose Electronics Take – Back Plan," *Environment Daily*, [London] June 29, 1998.

26. "Norway to Require Electronics Waste Take – Back," *Environment Daily*, [London] March 16, 1998.

27. "Industries Query Viability of Take – Back Law," *Environment Daily*, [London] May 7, 1998.

28. *Recycling Laws International*, "TV's Too Expensive to Collect, Study Finds."

29. "Netherlands forces Appliance Take – Back," *Environment Daily*, [London] March 19, 1998; and *Environment Daily*, "Industries Query Viability of Take – Back Law."

30. "EU end - of - life Vehicles Proposal Released," *Environment Daily*, [London] July 7, 1997.

31. "EU Car Firms Oppose End - Of - Life Vehicle Plan," *Environment Daily*, [London] July 21, 1997.

32. Ibid.

33. "Car Dismantlers Support EU Recycling Plan," *Environment Daily*, [London] April 21, 1997.

34. "UK Voluntary Car Recycling Deal Struck," *Environment Daily*, [London] July 15, 1997.

35. Auto Recycling Nederland, *Environmental Report: Facts and Figures*, (Amsterdam: Auto Recycling Nederland BV, 1996).

36. "Sweden Requires Free Take - Back for New Cars," *Environment Daily*, [London] October 27, 1997.

37. "Battery Directive Would Ban Ni - cd's," *Recycling Laws International*, September 1997, p. 5.

38. Varta AG, *Varta Sets Out its Position in Response to the Upcoming German Battery Order*, (Hannover, Germany: Varta AG, April 30, 1997).

39. "Battery Take - Back Moving," *Recycling Laws International*, September 1997, p. 5.

40. "Sweden: Industry Wrist - Slap," *Recycling Laws International*, September 1997, p. 5.

Chapter 6

1. Richard J. Kish, The Returns Task Force, "1997 *Book Industry Trends*, in Chapter 1: Issue of the Year: Returns" (New

York: Book Industry Study Group, 1997).

2. G. Bruce Knecht, "Macmillan's Order to Use Wholesalers Angers Booksellers," *Wall Street Journal*, September 5, 1997, sec. 2, p. B4.

3. I. Jeanne Dugan, "Boldly Going Where Others are Bailing Out," *Business Week*, April 6, 1998, p. 46.

4. Elizabeth Lesly Stevens and Ronald Grover, "The Entertainment Glut," *Business Week*, February 16, 1998, p. 93.

5. Kish.

6. Ibid.; and Doreen Carvajal, "Returns are Swamping the Publishing Industry," *New York Times*, August 1, 1996.

7. Hardy Green," Superstores, Megabooks—and Humongous Headaches: With sales flat and returns piling up, many publishers are smarting," *Business Week*, April 14, 1997, pp. 92 – 94.

8. Kish.

9. Doreen Carvajal, "Publishers Seek Advice from Bookstore Chains," *New York Times*, August 12, 1997; and Barbara Carton, "Bookstore Survival Stunts Have Scant Literary Merit," *Wall Street Journal*, June 3, 1997, sec. 2, p. B1.

10. Cindy Hall and Dave Merrill, "USA Snapshots: The Word on Discount Books," *USA Today*, October 9, 1997.

11. Bruce G. Knecht, "Chain Reaction: Book Superstores Bring Hollywood – Like Risks to Publishing Business," *Wall Street Journal*, March 24, 1997, sec. 1, p. A1.

12. Cynthia Crossen, "Put a Pen to Paper These Days, You'll be a Published Author," *Wall Street Journal*, January 10, 1996, sec. 2, p. B1.

13. Dugan.

14. "Carnegie Mellon University Updates Computer Disposition Data," *EPR2 Update*, [Washington, D. C. : The Electronic Product Recovery and Recycling Project of the Environmental Health Center, a division of The National Safety Council], Summer, 1997.

15. Raju Narisetti, "Printer Wars: Toner Discount Incites Rivals," *Wall Street Journal*, April 10, 1998, sec. 2, p. B1.

16. Institute of Scrap Recycling Industries, *Recycling: The Economically and Environmentally Intelligent Alternative to Landfilling and Incineration*, (Washington, D. C. : Institute of Scrap Recycling Industries, 1998).

17. Willam P. Steinkuller, "Recycling or Reuse: The Long and Short of it." *Ward's Auto World*30, April 1994, p. 16.

18. Drew Winter, "Ship Ahoy! Automakers Sail Into Recycling," *Ward's Auto World*29, September 1993, p. 64.

19. Gene Bylinski, "Manufacturing for Reuse," *Forbes*131, February 6, 1995.

20. Ibid.

21. Winter, p. 64.

22. Lindsay Brooke, "The Recyclability Gap," *Automotive Industries*174, February 1994.

23. Warren Brown, "Chrysler Close to Turning Recyclables Into a Car," *Washington Post*, September 9, 1997, sec. 3, p. C3.

24. Tom Werner, "Blue Chip Products Isnt Blue – It's in the Chips," *Philadelphia Business Journal*11, February 15, 1993.

25. “Ford Picks ‘Core’ Carrier,” *Purchasing*119, July 13, 1995, p. 101.

26. “Auto Parts Remanufacturer Tunes up with Symbol/True Data,” *Industrial Engineering*25, October 1993, p. 34.

图书在版编目（CIP）数据

溯流而上：逆向物流的内涵、价值与实践 /（美）戴尔·罗杰斯，（美）罗纳德·伦布克著；郝皓，刘娟译．—北京：中国财富出版社有限公司，2021. 12

（物流与供应链前沿译丛．第二辑）

书名原文：Going Backwards：Reverse Logistics Trends and Practices

“十三五”国家重点出版物出版规划项目

ISBN 978 - 7 - 5047 - 7371 - 5

Ⅰ. ①溯…　Ⅱ. ①戴… ②罗… ③郝… ④刘…　Ⅲ. ①物流管理 - 研究　Ⅳ. ①F252. 1

中国版本图书馆 CIP 数据核字（2021）第 277584 号

著作权合同登记号　图字：01-2021-0721

策划编辑	李　伟	**责任编辑**	邢有涛　李　晗	**版权编辑**	刘　斐
责任印制	梁　凡	**责任校对**	张营营	**责任发行**	黄旭亮

出版发行	中国财富出版社有限公司		
社　　址	北京市丰台区南四环西路 188 号 5 区 20 楼	**邮政编码**	100070
电　　话	010 - 52227588 转 2098（发行部）		010 - 52227588 转 321（总编室）
	010 - 52227566（24 小时读者服务）		010 - 52227588 转 305（质检部）
网　　址	http：//www. cfpress. com. cn	**排　　版**	宝蕾元
经　　销	新华书店	**印　　刷**	宝蕾元仁浩（天津）印刷有限公司
书　　号	ISBN 978 - 7 - 5047 - 7371 - 5/F · 3387		
开　　本	710mm × 1000mm　1/16	**版　　次**	2021 年 12 月第 1 版
印　　张	10. 5	**印　　次**	2021 年 12 月第 1 次印刷
字　　数	127 千字	**定　　价**	68. 00 元
